Die Immobilie bei Trennung und Scheidung

So sichern Sie Ihre Rechte

Joachim Mohr

So nutzen Sie dieses Buch

Die folgenden Elemente erleichtern Ihnen die Orientierung im Buch:

Beispiele

In diesem Buch finden Sie zahlreiche Beispiele, die die geschilderten Sachverhalte veranschaulichen.

Definitionen

Hier werden Begriffe kurz und prägnant erläutert.

! Die Merkkästen enthalten Empfehlungen und hilfreiche Tipps.

Auf den Punkt gebracht

Am Ende jedes Kapitels finden Sie eine kurze Zusammenfassung des behandelten Themas.

Inhalt

Vorwort

Eine Immobilie ist für eine Familie mehr als nur Wohnraum – sie ist Lebensmittelpunkt und sie dient der Vermögensbildung und der Absicherung für das Alter der Ehegatten. Viele persönliche Wünsche und Träume werden mit solch einem Haus verbunden und erfüllt. Und nicht selten sind der Erwerb und die Unterhaltung der Immobilie mit großen persönlichen Entbehrungen verbunden, die im Hinblick auf die vorstehenden Ziele jedoch regelmäßig mehr oder minder klaglos in Kauf genommen werden. Zumeist stellt die Immobilie dann auch den wesentlichen Teil des Vermögens der Ehegatten dar.

Scheitert eine Ehe, folgen daraus aber auch die größten wirtschaftlichen Konsequenzen und Probleme. Nach einer Trennung ist die Nutzung der Immobilie neu zu regeln, also zu entscheiden, ob die Ehegatten innerhalb der Immobilie von Tisch und Bett getrennt leben oder ob ein Ehegatte vorläufig oder endgültig auszieht. Bei dieser Entscheidung sind die Interessen etwaiger Kinder, die wirtschaftliche Leistungsfähigkeit der Ehegatten und nicht zuletzt auch die Eigentumsverhältnisse an der Immobilie zu berücksichtigen.

Dieses Buch gibt Ihnen Antworten auf die wichtigsten Fragen, die in diesem Zusammenhang auftreten. Aus Gründen der Anschaulichkeit beginnt die Darstellung mit der Trennungszeit und der in diesem Rahmen zunächst erforderlichen (vorläufigen) Maßnahmen. Sodann folgen die Regelungen für die Zeit nach der Scheidung.

Die Zeit der Trennung und die vorläufigen Maßnahmen

Nach einer Trennung besteht häufig Regelungsbedarf hinsichtlich der weiteren Nutzung der Immobilie, die beiden oder auch nur einem Ehegatten gehört. Im ersten Teil dieses Buches erfahren Sie daher, wie die weitere Nutzung geregelt werden kann, wer die Kosten tragen muss und was bei der Aufteilung des Hausrates gilt.

Achtung: Das ist vorab zu überdenken!

Was versteht man unter einer „Immobilie"?

Unter den Begriff „Immobilie" fallen sowohl **Häuser** auf eigenen Grundstücken als auch aufgrund eines Erbbaurechts errichtete Häuser, daneben natürlich auch **Eigentumswohnungen**. Das Erbbaurecht ist das veräußerliche und vererbliche Recht, auf einem Grundstück eines fremden Eigentümers ein Bauwerk zu besitzen. Aus der Sicht des Grundstückseigentümers ist das Erbbaurecht ein sein Eigentum beschränkendes Recht. Das Erbbaurecht wird selbst wie ein Grundstück behandelt (sogenanntes „grundstücksgleiches Recht") und im Grundbuch wie ein Grundstück eingetragen.

Wie folgt erfolgt eine Trennung „rechtssicher"?

Eine Trennung erfolgt in der Regel erst nach monatelanger Abwägung, ob ein weiteres Zusammenleben noch möglich ist. Teilt ein Ehegatte dem anderen mit, dass er nicht mehr mit ihm zusammenleben will, ist das der erste Schritt für eine Trennung im Rechtssinne. Die Erklärung muss nicht besonders dokumentiert werden, da sie auch mit einer tatsächlichen Trennung verbunden sein muss.

Diese „tatsächliche Trennung" wird räumlich und persönlich vollzogen. Trennung im rechtlichen Sinne bedeutet die **Trennung von Tisch und Bett**: Die Ehegatten schlafen in getrennten Zimmern und verkehren nicht mehr geschlechtlich miteinander. Zudem erbringt keiner der Ehegatten für den anderen mehr persönliche Dienste – wie beispielsweise Haushaltsführung, Einkauf und Wäsche. Auch die Mahlzeiten werden nicht mehr gemeinsam eingenommen.

Achtung:

Im Interesse gemeinsamer Kinder können gemeinschaftliche Handlungen vorgenommen werden, wenn sich die Ehepartner im Übrigen auf sachliche Kontakte beschränken.

Die Trennung kann auch innerhalb einer Immobilie erfolgen, indem die Ehegatten **einzelne Räume** jeweils **allein** und andere Räume gemeinschaftlich nutzen. Die Situation ist vergleichbar mit der einer Wohngemeinschaft.

Die Erfahrung zeigt jedoch, dass eine solche Regelung, wenn überhaupt, nur für einen kurzen Übergangszeitraum empfohlen werden kann. Durch das Zusammenleben unter einem Dach ist die nervliche Belastung aufgrund der persönlichen Spannungen für alle Beteiligten sehr groß.

Vor allem Kinder leiden unter einer solchen Situation. Häufig wird ihre Entwicklung durch die intensiven Spannungen und Streitereien der Eltern ernsthaft gefährdet.

Achtung:

Mit Ablauf des Jahres, in dem sich die Ehegatten getrennt haben, müssen Sie die Steuerklassen für Getrenntlebende wählen. Hatten die Ehegatten bislang die Steuerklassen III/V gewählt, sind nunmehr die Steuerklassen I/I bzw. I/II in Anspruch zu nehmen.

Wann kann ich die Scheidung einreichen?

Der Gesetzgeber sieht eine **einjährige Trennungszeit** als Mindestvoraussetzung vor, bevor ein Scheidungsverfahren eingeleitet werden kann. Allerdings erlauben viele Amtsgerichte die Einreichung eines Scheidungsantrags bereits nach 10 Monaten Trennungszeit, weil ein Scheidungsverfahren selbst im Normalfall zwischen 4 und 6 Monaten dauert. Nach Ablauf dieses Zeitraums ist dann das Trennungsjahr in jedem Fall abgelaufen.

Auf den Punkt gebracht

Eine Trennung wird durch die sog. Trennung von Tisch und Bett tatsächlich vollzogen. Dies sollte möglichst auch räumlich geschehen. Frühestens ein Jahr nach der Trennung kann ein Scheidungsantrag gestellt werden.

Die weitere Nutzung der Immobilie

Welchen Einfluss hat die Eigentümerstellung auf die weitere Nutzung?

Das Recht zur Nutzung der Immobilie nach einer Trennung ist im Grunde genommen nicht davon abhängig, ob diese einem Ehegatten allein gehört oder sie im gemeinschaftlichen Eigentum steht. Es ist also durchaus denkbar, dass die Immobilie dem Ehegatten zur Nutzung überlassen wird, der möglicherweise kein Eigentümer ist. In diesem Fall ist die Situation im Prinzip nicht wesentlich von der eines Vermieters und eines Mieters zu unterscheiden.

Welche Kriterien sind bei einer einvernehmlichen Nutzungsregelung zu berücksichtigen?

Die wichtigsten Kriterien sind folgende:

▸ Kinder und deren örtliche Gebundenheit, zum Beispiel schulische und soziale Belange,

▸ sinnvolle wirtschaftliche Nutzung des Wohnraums,

▸ örtliche Nähe der Ehegatten zum Arbeitsplatz

▸ ein neuer Partner eines Ehegatten,

▸ die Bedürfnisse eines schwerkranken Familienangehörigen.

Die Trennung der Eltern stellt ein einschneidendes Erlebnis für **Kinder** dar. Das ist unabhängig von deren Alter. Selbst erwachsene Kinder erleben die Trennung ihrer Eltern in der

Regel als irritierend und mit einem unguten Gefühl. Das gilt naturgemäß für jüngere Kinder erst recht. Die Kinder haben weder Verantwortung für, noch Einfluss auf die Trennungssituation. Sie haben oft Schwierigkeiten, mit der neuen familiären Situation umzugehen. Daher empfiehlt es sich, das Maß der Veränderungen für die Kinder zumindest dadurch zu begrenzen, dass ein Umzug vermieden wird, der auch eine Veränderung des persönlichen Umfeldes (Schule, Freunde) nach sich ziehen würde.

Achtung:

Sind die Ehegatten wirtschaftlich in der Lage, bei gleichzeitiger Finanzierung der Immobilie, adäquaten Wohnraum in der Nähe ihres bisherigen Lebensmittelpunktes anzumieten, tritt die Bedeutung dieser Überlegung natürlich zurück.

Nach der Trennung entstehen doppelte Wohnkosten, die zu einer dramatischen **Verschlechterung** der **wirtschaftlichen Situation** der Ehegatten führen können. In der Regel sind Immobilien, zumindest in den ersten Jahren so finanziert, dass kaum finanzielle Spielräume verbleiben. Würde dann der Ehegatte, der die Kinder weiter betreut, ausziehen, wären die dadurch verursachten Kosten für die Anmietung einer entsprechend großen Wohnung wesentlich höher, als die des anderen Ehegatten.

Hat der Ehegatte, der die Kinder nicht weiter betreut, einen weiter entfernt liegenden **Arbeitsplatz**, kann das ein zusätzliches Argument dafür sein, dass er auszieht. Damit würden Fahrkosten gespart, die die doppelten Wohnkosten teilweise, manchmal sogar vollständig kompensieren würden. Nicht zuletzt führen kürzere Fahrtwege zum Arbeitsplatz oft zum Gewinn von mehr Freizeit und damit von Lebensqualität.

Bei **kranken Familienangehörigen** sollte eine zusätzliche Belastung durch einen Umzug und die Änderung des persönlichen Umfeldes natürlich möglichst vermieden werden. In den Fällen, in denen eine Immobilie behindertengerecht ausgebaut ist, dürfte eine Überlassung derselben nur an diesen in Betracht kommen.

Kann ich nach einem vorübergehenden Auszug wieder in meine Immobilie einziehen?

Ist einer der Ehegatten mit seinen persönlichen Sachen ausgezogen, kann er nicht mehr gegen den Willen des anderen Ehegatten wieder einziehen – unabhängig davon, ob er Miteigentümer oder gar Alleineigentümer ist. Hier ist die Situation wieder ähnlich wie zwischen Vermieter und Mieter. Auch ein Vermieter hat nicht das Recht, eine Wohnung seines Mieters gegen dessen Willen zu betreten, obwohl er Eigentümer der Immobilie ist.

Nach dem Auszug ist der verbleibende Ehegatte daher auch berechtigt, das Türschloss der Wohnung zu wechseln.

Nur dann, wenn der Ehegatte klar äußert, nur vorübergehend nicht in die Wohnung zurückzukehren, und seine persönlichen Gegenstände in dem Haus belässt – um zum Beispiel eine weitere Eskalation zu vermeiden –, hat er einen **Anspruch** auf **Rückkehr** in die Wohnung. In diesem Fall liegt schließlich kein Auszug im eigentlichen Sinne vor.

Auf den Punkt gebracht

Nach der Trennung sollte die weitere Nutzung einer Immobilie nicht allein von den Eigentumsverhältnissen abhängig gemacht werden. Vor allem die Interessen gemeinsamer Kinder, aber auch die wirtschaftlich sinnvollste Nutzung sollten bei einer einvernehmlichen Regelung der Nutzung im Vordergrund stehen. Hat ein Ehegatte die Immobilie durch Auszug verlassen, kann er nicht mehr gegen den Willen des anderen Ehegatten wieder einziehen.

Wer muss was für die weitere Nutzung bezahlen?

Einigen sich die Ehegatten einvernehmlich darauf, dass einer der Ehegatten die Immobilie weiterhin nutzt und steht diese im gemeinsamen Miteigentum, kann ein Nutzungsentgelt aufgrund allgemeiner zivilrechtlicher Vorschriften verlangt werden.

Der Wert der Nutzung für die eheliche Wohnung kann in unterschiedlicher Weise ausgeglichen werden:

▸ Sie kann durch Berücksichtigung eines geldwerten Vorteils, dem sogenannten **Wohnwert**, im Rahmen der Ermittlung etwaiger Unterhaltsansprüche für Kinder und Ehegatten ausglichen werden.

▸ Sie kann durch Zahlung einer Nutzungsentschädigung ausgeglichen werden.

▸ Sie kann durch Verrechnung mit etwaigen Zins- und
   Tilgungsleistungen des verbleibenden Ehegatten ausgeglichen werden.

Wie berücksichtige ich die Nutzung bei der Ermittlung von Unterhaltsansprüchen?

In den Fällen, in denen Unterhaltsansprüche zugunsten des
verbleibenden Ehegatten im Raum stehen, sollte der
Wohnwertanrechnung der Vorzug vor einem Ausgleich
durch Geldzahlung, also der Nutzungsentschädigung,
gegeben werden.

Ein Wohnwert wird bei einer Unterhaltsberechnung fiktiv
wie Einkommen aus Vermögen unterhaltsbedarfsmindernd
berücksichtigt. Dadurch wird vermieden, dass in der einen
Richtung Unterhalt und in der Gegenrichtung eine Nutzungsentschädigung gezahlt wird. Dieser formale Zah-
lungsweg ist von Bedeutung, weil es dem Nutzungsent-
schädigungsberechtigten kraft Gesetzes nicht erlaubt ist,
mit seinen Nutzungsentschädigungsansprüchen gegen
seine Unterhaltsverpflichtung aufzurechnen. Er läuft also
Gefahr, dass er Unterhalt zahlt, selbst aber nichts erhält.

Um dieses Risiko bei der Realisierung seiner Ansprüche zu
vermeiden, sollte die Wohnwertanrechnung im Rahmen
der Ermittlung der Unterhaltsansprüche gewählt werden.
Beide Wege führen wirtschaftlich zu dem fast gleichen
Ergebnis. Die erste Vorgehensweise ist jedoch einfacher.

> **Achtung:**
>
> Die Ermittlung des Wohnwertes erfolgt abhängig von der Frage, in welchem Stadium der Trennung sich die Ehegatten befinden und welche Eigentumsverhältnisse an der Immobilie bestehen.

Welcher Wohnwert gilt während der Zeit des Getrenntlebens?

Während der Zeit des Getrenntlebens bis zur Rechtskraft der Scheidung kommt grundsätzlich eine Wohnwertanrechnung nur in einer Höhe in Betracht, die dem persönlichen Wohnbedarf des die Immobilie nutzenden Ehegatten entspricht. Dabei ist vom **Kaltmietwert** auszugehen.

> *Beispiel*
>
> *Verbleibt also ein Ehegatte einer 5-köpfigen Familie allein in der Immobilie mit 200 qm Wohnfläche, die einen marktüblichen Kaltmietwert von 1.400 EUR hat, ist ihm nicht dieser Wohnwert bei der Unterhaltsberechnung als Einkommen zuzurechnen. Vielmehr ist fiktiv zu ermitteln, welchen Wohnbedarf er entsprechend seiner persönlichen und wirtschaftlichen Verhältnisse hätte.*

Dabei sind insbesondere sein Einkommen und seine Unterhaltsverpflichtung mit dem Ergebnis zu berücksichtigen, dass nur der Anteil seines Einkommens für die Ermittlung seines Wohnbedarfs zugrunde zu legen ist, der ihm persönlich verbleibt. Der Wohnwert ist dann zu schätzen.

Beispiel

Verfügt ein Alleinstehender über frei verfügbare Einkünfte in Höhe von 1.500 EUR, gibt er statistisch gesehen durchschnittlich 1/3 seines verfügbaren Einkommens für Warmmiete aus. Da in diesem Drittel auch Nebenkosten beinhaltet sind, die wiederum 1/3 der Gesamtwohnkosten ausmachen, ist dieser Betrag herauszurechnen. Der Wohnwert betrifft nämlich ausschließlich den ersparten Kaltmietzins, nicht aber die üblichen Nebenkosten. Diese zählen zu den allgemeinen Lebenshaltungskosten. Vermindert man also den ermittelten Betrag in Höhe von 500 EUR um 1/3, ergibt sich ein Wohnwert von 334 EUR. Aufgerundet ergibt dies einen Wohnwert von 350 EUR.

Alternativ kann der Wohnwert auch auf der Grundlage einer angemessenen Wohnfläche ermittelt werden. Dabei wird die für eine Einzelperson angemessene Wohnfläche mit dem ortsüblichen Kaltmietzins multipliziert. Bei den Einkommensverhältnissen in unserem Beispiel könnte beispielsweise eine Wohnfläche von 50 qm für den allein lebenden Ehegatten zugrunde gelegt werden, womit sich bei einem Kaltmietzins von 7 EUR ebenfalls ein Wohnwert in Höhe von 350 EUR ergeben würde.

Eine andere Ermittlungsmethode gilt, wenn der verbleibende Ehegatte lediglich über Einkünfte in Höhe des sogenannten notwendigen Selbstbehaltes verfügt. Dies ist der Unterhaltsbetrag, der nach den **Unterhaltsleitlinien der Oberlandesgerichte** einer Person mindestens verbleiben muss, um den Lebensunterhalt aus eigenen Mitteln bestreiten zu können.

Achtung:

Bei den meisten Oberlandesgerichten entspricht der notwendige Selbstbehalt gegenüber Kindern derzeit einem Betrag von 900 EUR. Gegenüber Ehegatten beträgt er in der Trennungszeit normalerweise 1.000 EUR. In den Leitlinien wird der darin enthaltene Wohnbedarfsbetrag teilweise separat ausgewiesen. Dieser variiert je nach Oberlandesgericht zwischen 250 und 290 EUR für Kaltmiete.

Verbleibt einer der Ehegatten mit den Kindern in dem Familienwohnheim, ist der Wohnwert nicht nur aus dem Wohnbedarf des Erwachsenen, sondern aus dem durch die Kindesbetreuung zusätzlich resultierenden Wohnbedarf zu ermitteln. Auch hier wird man die gleichen Grundsätze anwenden müssen. Ein Anhaltspunkt für die Ermittlung des Wertes für eine angemessene Wohnwerterhöhung ergibt sich auch aus der **Düsseldorfer Unterhaltstabelle** für Kindesunterhalt. In diesen Beträgen sind rund 20 % für Wohnkosten enthalten. Damit wäre beispielsweise bei einem 6-jährigen Kind mit einem Tabellenunterhaltsanspruch in Höhe von 368 EUR ein Wohnbedarfsanteil in Höhe von 73,60 EUR enthalten.

Meines Erachtens ist auch in den Fällen, in denen das Einkommen des Verbleibenden den Selbstbehalt nicht übersteigt, dennoch der darin enthaltene Wohnbedarf angemessen zu erhöhen, wenn Kinder mit ihm in der Immobilie wohnen.

Eine Korrektur dieser Grundsätze für die Wohnwertanrechnung während der Zeit des Getrenntlebens ist geboten, wenn der verbleibende Ehegatte einen neuen Lebensgefährten in die Wohnräume mit aufnimmt. Damit verwer-
tet er nämlich den Wohnraum in einem höheren Maß, als
wenn er dort allein wohnen würde. Hier ist wohl die
Wohnwertanrechnung angemessen bis zur Grenze des
marktüblichen Mietzinses anzupassen. Als Kompensation
für die zu seinen Lasten erhöhte Wohnwertanrechnung bei
der Unterhaltsermittlung kann er mit seinem Lebensgefährten einen materiellen Ausgleich vereinbaren.

Auch wenn es sich bei dem verbleibenden Ehegatten um
den Nichteigentümer handelt, kann es ihm nicht durch den
anderen Ehegatten verboten werden, einen Lebensgefährten in der Wohnung aufzunehmen.

Auf den Punkt gebracht

Während des Getrenntlebens wird dem verbleibenden
Ehegatten der Mietwert, der seinem persönlichen Wohnbedarf entspricht, einkommenserhöhend bei der Unterhaltsberechnung zugerechnet. Begrenzt wird der Wohnwert nach unten durch den im notwendigen Selbstbehalt
enthaltenen Wohnwert. Wohnen auch die Kinder dort, ist
der Wohnbedarf angemessen zu erhöhen.

Welcher Wohnwert gilt nach der Scheidung?

Nach der Scheidung wird dem verbleibenden Ehegatten der reale ortsübliche Kaltmietwert als Einkommen zugerechnet. Damit würde im Beispiel oben ein Wohnwert von 1.400 EUR einkommenserhöhend berücksichtigt.

Erfolgt eine Wohnwertanrechnung auch dann, wenn keine Unterhaltsansprüche bestehen?

Bleiben die Kinder in der Immobilie und stehen keine Ehegattenunterhaltsansprüche im Raum, kommt eine Wohnwertanrechnung nur beim Kindesunterhalt in Betracht, wenn der weichende Ehegatte Alleineigentümer oder zumindest Miteigentümer der Immobilie ist. Die Gewährung von Wohnraum stellt eine den Unterhaltsbedarf deckende Sachleistung dar. Daher ist der Anspruch auf Zahlung von Geld zur Deckung des Unterhalts entsprechend zu kürzen. Hinsichtlich der Höhe kann man sich an dem in den Tabellenbeträgen zum Kindesunterhalt enthaltenen Wohnbedarfsanteil von 20 % orientieren.

Achtung:

Die Rechtsprechung nimmt eine Verminderung der Zahlungsverpflichtung wegen Gewährung mietfreien Wohnens der Kinder regelmäßig erst dann vor, wenn Kindesunterhalt von mehr als 135 % des Tabellenunterhaltsbetrages geschuldet wird.

Die Anrechnung richtet sich nach der Höhe des Eigentumsanteils. Ist der Unterhaltsschuldner Alleineigentümer, wird
von ihm der volle Wohnbedarf der Kinder gedeckt, sodass
ein Abzug von bis zu 20 % in Betracht kommt. Ist er Miteigentümer zu ½, kommt eine Anrechnung von 10 % in
Betracht.

Achtung:

Die Handhabung dieser Rechtsfrage variiert von Gericht zu Gericht stark. Man wird sich dabei aber auf
die örtliche Rechtsprechung einstellen müssen. Diesbezüglich ist unbedingt Rechtsrat einzuholen.

Wie sind Mietzinseinkünfte zu berücksichtigen?

Soweit Mieteinkünfte aus Immobilien, bei einem Familienwohnheim beispielsweise aus der Vermietung eines Zim-
mers oder einer Einliegerwohnung, aber auch aus einer
reinen Mietimmobilie erzielt werden, werden diese bei der
Unterhaltsberechnung wie normale Einkünfte aus Vermögen auf dessen Seite behandelt, der sie erhält.

Eine Besonderheit ergibt sich hier, wenn etwaige Verluste
aus Vermietung und Verpachtung zu berücksichtigen sind.
In den Fällen, in denen die Immobilie angeschafft wurde,
um Steuervorteile zu erzielen, mit der Folge, dass aus Vermietung und Verpachtung bewusst Verluste in Kauf genommen werden, geht die Rechtsprechung davon aus,
dass diese Verluste unterhaltsrechtlich die Einkünfte des
Unterhaltsverpflichtenden nicht vermindern.

Im Gegenzug kann der Unterhaltsberechtigte aber auch keine Unterhaltsansprüche in Bezug auf die daraus resultierenden Steuervorteile geltend machen. In einem Unterhaltsverfahren sind daher die Steuervorteile und -nachteile fiktiv zu ermitteln und bei der Unterhaltsberechnung außer Betracht zu lassen.

Ab wann sollte ich eine Nutzungsentschädigung geltend machen?

Stehen keine Ehegattenunterhaltsansprüche im Raum, ist auch zu prüfen, ob und gegebenenfalls in welchem Maß Nutzungsentschädigungsansprüche des weichenden Ehegatten in Geld gegen den verbleibenden Ehegatten bestehen.

Das Wichtigste vorab: Der die Nutzungsentschädigung begehrende Ehegatte muss diese ausdrücklich geltend machen. Er muss dies schriftlich oder mündlich gegenüber dem verbleibenden Ehegatten tun. Jedenfalls muss die Aufforderung zu einem späteren Zeitpunkt beweisbar sein. Hierfür eignet sich die Übergabe eines entsprechenden schriftlichen Verlangens durch einen Boten, d. h. durch eine Person, die das Aufforderungsschreiben vor Übergabe selbst gelesen hat, damit sie den Inhalt bezeugen kann. Auch die mündliche Aufforderung unter Zeugen ist hierfür geeignet. Versäumt der weichende Ehegatte das, kann er bis zum ersten Zahlungsverlangen für abgelaufene Zeiträume keine Nutzungsentschädigung geltend machen.

Die Höhe der Nutzungsentschädigung orientiert sich an der Höhe des ortsüblichen Mietzinses. Handelt es sich also um eine 200 qm große Wohnung mit einem Mietwert von 1.400 EUR, ist dieser Betrag auch während der Trennungszeit zu zahlen. Dabei ist zu berücksichtigen, welchen Miteigentumsanteil der weichende Ehegatte hält. Ist er Alleineigentümer, erhält er den vollen Kaltmietzins. Ist er lediglich Miteigentümer, erhält er den seinem Miteigentumsanteil entsprechenden Anteil an dem Nutzungswert. Der hälftige Miteigentümer erhält daher in dem vorstehenden Beispiel 700 EUR, der Miteigentümer zu 1/3 400 EUR.

Ungeklärt erscheint mir die Frage, ob der Anspruch auf Nutzungsentschädigung während der Trennungszeit aufgrund der vorstehenden familienrechtlichen Grundsätze für die Wohnwertermittlung ebenfalls zu mindern ist. Eine Rechtsprechung zu dieser Frage gibt es augenscheinlich bislang noch nicht.

Meines Erachtens gebietet dies die familienrechtliche Verbundenheit der Ehegatten während der Trennungszeit. Die allgemeinen zivilrechtlichen Regeln dürften hierdurch überlagert sein. Auch zu dieser Frage sollte unbedingt im Einzelfall kompetenter Rechtsrat eingeholt werden. Ein Rechtsstreit über eine Nutzungsentschädigung wird nicht vor einem für Familiensachen zuständigen Gericht, sondern vor einem allgemeinen Prozessgericht durchgeführt.

!

Achtung:

Schließlich stellt sich noch die Frage, wie Zins-, Tilgungs- und Ansparleistungen im Rahmen der Wohnwertanrechnung oder bei der Zahlung einer Nutzungsentschädigung zu berücksichtigen sind? Die Beantwortung dieser Frage hängt in aller Regel von den Zahlungsabreden der Ehegatten ab.

Wie erhalte ich mein eingesetztes Kapital zu einem bestimmten Zeitpunkt, wenn ich die Immobilie meinem Ehegatten auf Dauer überlasse?

Soll die Immobilie dem überlassen werden, der die Kinder weiter betreut, um ihnen ihr bisheriges Lebensumfeld zu erhalten, ist in der Regel die wirtschaftliche Verwertung der Immobilie, beispielsweise durch Verkauf, auf Dauer ausgeschlossen. Das für den Erwerb der Immobilie eingesetzte Kapital bleibt unter Umständen auf Jahre gebunden, wenn der verbleibende Ehegatte wirtschaftlich nicht in der Lage ist, diese durch Ausgleichszahlung zu übernehmen. In diesem Fall sollte eine vertragliche Regelung darüber getroffen werden, auf welche Dauer die Nutzung befristet sein soll, um danach einen gemeinsamen Verkauf vorzunehmen. Das gibt beiden Ehegatten Planungssicherheit und schafft Vertrauen.

Hier kommen als Einsatzzeitpunkte die Beendigung eines Schulabschnitts, beispielsweise der Grundschule, oder das Ende einer Ausbildung der Kinder in Betracht.

Vertraglich kann außerdem vereinbart werden, wer die bis zu diesem Zeitpunkt entstehenden Finanzierungslasten zu tragen hat und wie diese unterhaltsrechtlich zu berücksichtigen sind. Gleichzeitig kommt eine Vereinbarung über die Frage der Stundung von Zugewinnausgleichsansprüchen in Betracht, um so die wirtschaftliche Bewegungsfreiheit aller

Beteiligten so groß wie möglich zu halten. Würde nämlich ein Zugewinnausgleich sofort fällig, könnte dadurch die finanzielle Situation für die Ehegatten in einer Weise verschärft werden, die die Intention, die Immobilie trotz der Scheidung weiter zu halten, zunichte machen könnte.

In einer entsprechenden schriftlichen Vereinbarung sollte aber auch festgelegt werden, dass beide Ehegatten ab einem bestimmten Zeitpunkt unwiderruflich ihre Zustimmung zu der Veräußerung der Immobilie bereits vorab erteilen. Diese Zustimmung kann an zusätzliche Faktoren, wie zum Beispiel an ein Mindestgebot durch einen Käufer, gebunden werden.

Achtung:

Die entsprechende Verpflichtungsvereinbarung muss notariell beurkundet werden, da sie darauf ausgerichtet ist, Immobilienvermögen zu veräußern. Diese Erklärungen sind kraft Gesetzes beurkundungspflichtig. Eine entsprechende privatschriftliche Erklärung wäre unwirksam und damit später wertlos.

Sind keine Kinder vorhanden, sollte von vornherein derjenige die Immobilie weiter nutzen, der entweder Alleineigentümer der Immobilie ist oder derjenige, der beabsichtigt und in der Lage ist, die Immobilie im Ergebnis zu übernehmen.

Die Übernahme sollte möglichst zeitnah erfolgen, um Streitigkeiten zu vermeiden, ob für die Nutzung eine Entschädigung zu zahlen sein soll. Damit werden auch steuerliche

Risiken vermieden (vgl. Kapitel „Die unterhalts- und steuer-
rechtlichen Konsequenzen").

Auf den Punkt gebracht

Die Berücksichtigung des Wohnwertes wird in der Regel
im Rahmen der Unterhaltsberechnung vorgenommen. In
diesem Zusammenhang können auch die mit der Immobilie verbundenen Lasten berücksichtigt werden. Bestehen keine Unterhaltsansprüche, müssen Nutzungsentschädigungsansprüche ausdrücklich geltend gemacht
werden. Es kann im Hinblick auf die Verwertung der
Immobilie sinnvoll sein, die Dauer der Nutzung von
vornherein zeitlich zu befristen.

Wenn es Streit um die Nutzung gibt

Die Nutzung der Immobilie und der Ausgleich des Nut-
zungsrechtes sind in der Praxis nicht selten große Streit-
punkte zwischen den Ehegatten. Was gilt jedoch, wenn
keine einvernehmliche Regelung über die Nutzung gefunden werden kann? In diesem Fall kann man einen Antrag
auf gerichtliche Regelung der Nutzung stellen. Dabei ist
zwischen der Zeit der Trennung, für die nur vorläufige
Regelungen getroffen werden können, und der Zeit nach
der Scheidung, für die eine endgültige Regelung durch das
Gericht getroffen wird, zu unterscheiden.

Das Gesetz sieht zunächst vor, dass die Ehegatten trotz der
damit verbundenen Belastung aller Familienmitglieder die

Immobilie grundsätzlich weiter gemeinsam nutzen müssen, wenn keiner freiwillig auszieht.

Auf Antrag wird durch ein Gericht eine Regelung zur konkreten Aufteilung der Wohnräume getroffen. Neben der Regelung zur Benutzung der Gemeinschaftsräume, wie Küche und Bad, können auch andere zweckdienliche Gebote oder Verbote (z. B. Nutzungszeiten) festgelegt werden. Gerichtlich geregelt wurden sogar schon die Nutzung des Telefons oder des Fernsehgerätes.

Kann mir ein Gericht die alleinige Nutzung des Familienwohnheims zuweisen?

Eine gerichtliche Zuweisung der Wohnräume an einen der Ehegatten ist nur in Ausnahmefällen möglich. Voraussetzung dafür ist, dass das weitere Zusammenleben mit dem anderen Ehegatten unter einem Dach eine **unbillige Härte** darstellen würde. Diese ist insbesondere gegeben, wenn die Ehegatten gegeneinander gewalttätig sind.

Ein weiteres im Gesetz ausdrücklich genanntes Kriterium der unbilligen Härte ist die **Beeinträchtigung des Kindeswohls**. Das Kindeswohl betrifft nicht nur die gemeinsamen Kinder, sondern auch die Kinder eines Partners aus einer anderen Beziehung.

!

Achtung:

Eine Beeinträchtigung liegt insbesondere dann vor, wenn tätliche Auseinandersetzungen zwischen den Eltern oder einem Elternteil und den Kindern zu befürchten sind und zu gesundheitlichen oder seelischen

Störungen der Kinder führen könnten. Auch ständiger Streit, der die häusliche Atmosphäre unerträglich belastet, ist Kindern nicht zuzumuten.

Diese Tatsachen sind durch den Ehegatten, der sich darauf beruft, zu beweisen. Das ist oft schwierig. Zur Beweissicherung bei Gewalttaten ist daher zu empfehlen, noch am gleichen Tag ein ärztliches Attest einzuholen und eventuell eine polizeiliche Strafanzeige zu erstatten.

Achtung:

Strafanzeigen sollten jedoch nicht dazu eingesetzt werden, um sich zivilrechtliche Vorteile zu verschaffen. Schließlich bleibt der Ehegatte auch weiterhin noch der Elternteil der Kinder. Kriminalisieren sich die Ehegatten aus taktischen Gründen wechselseitig, hat dies Konsequenzen für die Kinder, die durch den zu erwartenden wirtschaftlichen Erfolg keinesfalls aufgewogen werden können.

Die Wohnung wird im Interesse der Kinder übrigens nicht zwingend dem Ehegatten zugewiesen, der die unerträgliche Situation nicht zu verantworten hat.

Die Frage der Verantwortlichkeit für die eingetretene Situation tritt vielmehr gegenüber den Kindesinteressen zurück. Es ist also denkbar, dass einer der Ehegatten sich einem neuen Partner zuwendet und dadurch die Spannungen und damit die Belastung der Kinder auslöst. Dennoch kann der andere Ehegatte zum Auszug verpflichtet werden, wenn das den Kindesinteressen entspricht.

Weitere praxisrelevante Fälle der unbilligen Härte stellen der Alkoholmissbrauch und dessen Konsequenzen für das Verhalten der betreffenden Person dar: aggressives Verhalten, begleitet von Tätlichkeiten, Beleidigungen und Aktivitäten in der Nachtzeit, die die Erholung der Kinder beeinträchtigen können. Auch die Tendenz zum Suizid und deren Ankündigung oder Vermögensdelikte, wie die Entwendung von Geld und Vermögensgegenständen, sind häufige Begleiterscheinungen von Alkoholismus.

Zudem ist der Bereich der Bedrohung relevant. Häufig kommt es bei Streitereien zu ganz erheblichen Bedrohungen mit Gewalttätigkeit und sogar der Tötung. Werden diese nicht nur aus einer einmaligen Erregung in einer Sondersituation heraus, sondern durchaus ernstzunehmend ausgesprochen, können sie die vorläufige Wohnungszuweisung rechtfertigen.

Beispiel

Einen interessanten Fall hatte das OLG Hamm 1993 zu entscheiden. Dort hatte ein getrennt lebender Ehegatte seinen neuen Lebensgefährten in die Ehewohnung aufgenommen, obwohl der andere Ehegatte auch noch in der Wohnung gelebt hat. Dies stellte nach Auffassung des Gerichtes eine unbillige Härte für den anderen Ehegatten dar, die eine Alleinzuweisung der Wohnung an ihn rechtfertigte.

Die unbillige Härte muss auch nicht von einem Ehegatten allein zu verantworten sein. Sie kann sich auch aus dem wechselseitigen Verhalten der Ehegatten ergeben.

Ist der die alleinige Nutzung begehrende Ehegatte gleichzeitig Alleineigentümer, wird dadurch die Eingriffsschwelle für eine unbillige Härte zu seinen Gunsten herabgesetzt.

Wie sieht eine gerichtliche Entscheidung auf vorläufige Zuweisung der Ehewohnung aus?

Der gerichtliche Antrag auf vorläufige Benutzung der Wohnräume während der Trennung wird dadurch realisiert, dass der andere Ehegatte verpflichtet wird, die Wohnung zu räumen.

Zieht der Ehegatte nicht freiwillig aus, kann ein Gerichtsvollzieher damit beauftragt werden, den Ehegatten gewaltsam aus der Wohnung zu setzen. Der Gerichtsvollzieher muss sich dabei genau an die Anordnung des Gerichtes halten. Diese Anordnung wird wiederum davon bestimmt, was der Ehegatte beantragt hat. Der muss deshalb besonders darauf achten, dass der Räumungsanspruch, nicht wie im Mietrecht üblich, auf die vollständige Räumung der Wohnung zielt. Vielmehr muss er beantragen, dass die Räumungsverpflichtung nur gegen den anderen Ehegatten persönlich ausgesprochen wird. Anderenfalls ist ein Gerichtsvollzieher verpflichtet, auch das Mobiliar aus der Wohnung zu entfernen. Das dürfte jedoch kaum im Interesse des verbleibenden Ehegatten sein. Hier ist unbedingt der Rat und die Hilfe eines Experten zu empfehlen.

Wer kann den Antrag auf Wohnungszuweisung stellen?

Nach dem Gewaltschutzgesetz kann jede Person, die mit einem Täter, der Gewalt angewendet hat, in einem gemeinsamen dauerhaften Haushalt lebt, die vorläufige Zuweisung der Wohnung beantragen. Da dies bei Ehegatten in der Regel der Fall ist, findet das Gesetz naturgemäß auch auf Ehegatten Anwendung. Es können aber auch Lebensgefährten oder Kinder, die mit dem Täter nicht verwandt sind, einen Antrag stellen.

Die Besonderheit bei diesem Gesetz ist, dass bei Zuwiderhandlungen gegen eine gerichtliche Anordnung Strafen verhängt werden können. Der Täter kann mit Geldstrafe oder Freiheitsstrafe bis zu einem Jahr bestraft werden.

Welche Kriterien sind im Vorfeld für eine endgültige Nutzungsregelung zu beachten?

Bei der endgültigen Nutzungsregelung anlässlich der Scheidung spielen die Eigentumsverhältnisse an den Wohnräumen eine erheblich stärkere Rolle für die Entscheidung, als während der Zeit des Getrenntlebens.

Entscheidung bei Alleineigentum

Ist einer der Ehegatten Alleineigentümer der Immobilie, kann diese nur in besonderen Ausnahmefällen dem anderen Ehegatten zugewiesen werden.

Die Zuweisung der Nutzung an den Nichteigentümer ist in der Regel nur dann möglich, wenn der Umzug für etwaige Kinder eine besonders starke, nicht hinnehmbare Beeinträchtigung darstellen würde. Bloße Unzuträglichkeiten, die mit einem Umzug oder Ortswechsel in der Regel verbunden sind, sind hierfür nicht ausreichend. Erfahrungsgemäß dürfte ein entsprechender Antrag daher kaum Aussicht auf Erfolg haben.

Wird einem entsprechenden Antrag im Einzelfall stattgegeben, kann das Gericht zwar Nutzungsregelungen treffen, nie aber in die Eigentumsverhältnisse eingreifen.

Nach einer Wohnungszuweisung an den Nichteigentümer könnte der Alleineigentümer versuchen, die Immobilie zu verkaufen. Ein neuer Eigentümer wäre familienrechtlich nicht verpflichtet, eine Nutzung durch den verbliebenen Ehegatten auch in Zukunft noch zu dulden. Diesem könnte dann doch noch die Räumung drohen. Daher sollten gegebenenfalls flankierende Anträge zur Sicherung des Nutzungsrechts gestellt werden.

Es kann grundsätzlich auch bei der vorläufigen Nutzungsregelung die Begründung eines Mietverhältnisses für den Fall der Veräußerungsabsicht durch den Alleineigentümer beim Familiengericht beantragt werden. Das Gericht kann sogar den Inhalt eines Mietvertrages im Einzelnen festlegen. Durch den Verkauf der Immobilie würde dann das Mietverhältnis nicht berührt werden. Der neue Eigentümer wäre in diesem Fall an den Mietvertrag gebunden.

!

Achtung:

Stellt die Immobilie den wesentlichen Teil des Vermögens des Alleineigentümers dar (rund 90 %) und leben die Ehegatten im Güterstand der Zugewinngemeinschaft, besteht während der Ehe ein Widerspruchsrecht des verbleibenden Ehegatten gegen die Veräußerung. Dieses kann der Ehegatte durchsetzen, indem er beim Familiengericht durch einstweilige Verfügung ein Veräußerungsverbot erwirkt, das sogar im Grundbuch eingetragen werden kann.

Die Immobilie im Miteigentum der Ehegatten

In diesem Verfahren kann ein Richter auf Antrag die Ehewohnung einem der Ehegatten nach billigem Ermessen zuweisen. Maßgebend ist, wer sie dringender benötigt. Auch hier sind wieder die Interessen der Kinder sowie persönliche aber auch wirtschaftliche Faktoren entscheidend.

Trifft das Gericht eine Entscheidung, kann es wiederum auf Anregung einer der Parteien gleichzeitig ein Mietverhältnis zwischen den beiden Miteigentümern begründen.

Zunächst erscheint es für den weichenden Ehegatten sinnvoll, auf die Begründung eines Mietverhältnisses hinzuwirken, er kann sich damit aber auch selbst schaden. Ihm wird nämlich dadurch die Verwertung seines Miteigentumsanteils erheblich erschwert. Er erhält zwar einen Mietzinsanspruch, hat er jedoch kein Interesse daran, das Miteigentum weiter zu behalten und ist der andere Ehegatte entweder nicht willens oder wirtschaftlich nicht in der Lage, ihm seinen Miteigentumsanteil zu vertretbaren Bedingungen abzukaufen, bliebe ihm nur der Weg der Teilungsversteigerung, um seinen Anteil zu Geld zu machen (mehr dazu ab Seite 105).

> **Achtung:**
>
> Im Rahmen der Teilungsversteigerung bleibt das Mietverhältnis bestehen. Dadurch wird das Objekt für potenzielle Erwerber jedoch eher uninteressant. Im Zweifel werden Interessenten lieber bei einer unbewohnten Immobilie mitbieten.

Ein Gericht kann, statt ein Mietverhältnis zu begründen, auch lediglich eine Nutzungsvergütung festsetzen. Diese orientiert sich an dem üblichen Mietzins für vergleichbaren Wohnraum. Wird der Wert des Wohnens allerdings im Rahmen der Ermittlung von nachehelichen Unterhaltsansprüchen berücksichtigt, besteht kein Regelungsbedarf.

Wer trägt die Kosten und Lasten der Immobilie?

Mit der Nutzung einer Immobilie sind nicht nur wirtschaftliche Vorteile verbunden. Eine Immobilie löst auch zahlreiche Zahlungsverpflichtungen aus. Zwischen den Ehegatten ist zu klären, wer diese dem Grunde nach zu erfüllen hat. Es ist auch zu prüfen, ob gegebenenfalls eine Verrechnung mit einer etwaigen Wohnwertanrechnung oder mit Nutzungsentschädigung erfolgen muss.

Wer muss die Nebenkosten tragen?

Die in Mietverträgen ausdrücklich ausgewiesenen Neben-kosten (bzw. Betriebskosten) fallen selbstverständlich auch bei im eigenen Eigentum stehenden Immobilien an. Es handelt sich dabei unter anderem um:

▸ Grundsteuer,

▸ Wasser- und Abwassergebühren,

▸ Müll- und Straßenreinigungsgebühren,

▸ Öl, Gas, Strom usw.

Nebenkosten lassen sich in verbrauchsabhängige und un-abhängige Kosten aufteilen. Die verbrauchsunabhängigen Kosten stehen im unmittelbaren Zusammenhang mit der Immobilie und deren Größe bzw. Wert. In der Regel sind es öffentlich rechtliche Lasten, die durch die Gemeinde erho-ben werden, so zum Beispiel die Grundsteuer, aber auch die Versicherungskosten.

Die **verbrauchsunabhängigen Kosten** können durch den verbleibenden Ehegatten nicht beeinflusst werden. Sie sind konstant.

Verbrauchsabhängige Kosten hingegen (zum Beispiel Müll, Wasser, Strom usw.) können durch das eigene Ver-halten beeinflusst werden. Hiervon bilden die Müllgebüh-ren allerdings in der Regel eine Ausnahme, weil die meis-ten Gemeinden eine Pauschale für alle Haushalte unab-hängig vom tatsächlichen Müllaufkommen erheben.

Entsprechend den Vereinbarungen in Mietverhältnissen ist auch bei der weiteren Nutzung einer im Eigentum der

Ehegatten stehenden Immobilie derjenige verpflichtet, diese Nebenkosten zu tragen, der die Immobilie nutzt. Dazu bedarf es keiner besonderen Abrede. Es ergibt sich aus dem tatsächlichen Verhalten und der Nutzung.

Mit der Zahlung der Nebenkosten deckt der verbleibende Ehegatte seinen Unterhaltsbedarf. Daher wären diese Kosten dem Grunde nach bei einer Unterhaltsberechnung nicht gesondert zu berücksichtigen.

In der Trennungszeit der Ehegatten muss dieser Grundsatz hinsichtlich der verbrauchsunabhängigen Kosten aber teilweise durchbrochen werden und zwar, wenn der überlassene Wohnraum während der Trennungszeit den eigenen Wohnbedarf erheblich übersteigt. Damit wird dem verbleibenden Ehegatten nämlich praktisch ein Wohnvorteil aufgedrängt, den er nicht benötigt, der aber mit Kosten verbunden ist. Dies führt, wie bereits ausgeführt, zu einer Minderung der Wohnwertanrechnung während der Trennungszeit. Aber auch hinsichtlich der Nebenkosten kann nichts anderes gelten. Die verbrauchsunabhängigen Kosten werden an der Größe der Immobilie bzw. deren Wert orientiert. Der daraus resultierende, den tatsächlichen Wohnbedarf übersteigende Nebenkostenanteil kann von dem verbleibenden Ehegatten wie eine Verbindlichkeit einkommensmindernd bei der Unterhaltsberechnung berücksichtigt werden, wenn er diese Kosten selbst trägt.

Beispiel

(Zur Vereinfachung wurde auf die Berücksichtigung weiterer unterhaltsrelevanter Positionen verzichtet.)

Einkommen des unterhaltsverpflichteten weichenden Ehegatten aus Erwerbstätigkeit: *3.100 EUR*

Einkommen verbleibender Ehegatte aus Erwerbstätigkeit: *1.400 EUR*

anzurechnender Wohnwert: *500 EUR*

Nebenkosten, die dem eigenen Wohnbedarf entsprechen würden: *150 EUR*

Nebenkosten, die den eigenen Wohnbedarf übersteigen: *150 EUR*

Dieser Betrag kann bei der Unterhaltsberechnung wie eine Verbindlichkeit wohnwertmindernd berücksichtigt werden.

Bei der Wohnwertanrechnung ist zu berücksichtigen, dass es sich hierbei um unterhaltsrelevantes Einkommen handelt, das nicht aus einer Erwerbstätigkeit resultiert.

Die Unterscheidung ist wichtig, weil bei Einkommen aus Erwerbstätigkeit vor der Unterhaltsberechnung vorab ein Abzug von 1/7 vorzunehmen ist. Dieser sog. **Erwerbstätigenbonus** wird gewährt, um den Berufstätigen einen zusätzlichen Anreiz zu geben, diese Erwerbstätigkeit weiter zu betreiben.

Einkünfte aus anderen Einkunftsarten unterliegen dagegen dem sogenannten Halbteilungsgrundsatz, das heißt, sie werden ungekürzt in die Unterhaltsberechnung eingestellt.

Beispiel Unterhaltsberechnung:

Einkommen Ehemann   *3.100 EUR*

abzgl. Erwerbstätigenbonus (1/7 = EUR 443,00) =   *2.657 EUR*

Einkommen verbleibender Ehegatte	*1.400 EUR*
abzgl. den Wohnwert übersteigende	
Nebenkosten i.H.v.	*150 EUR*
abzgl. Erwerbstätigenbonus	
(1/7 aus EUR 1.250,00)	*179 EUR*
zzgl. Wohnvorteil	*500 EUR*
mithin	*1.571 EUR*
Die Differenz der verbleibenden	
Einkünfte beträgt:	*1.086 EUR*
Der Unterhaltsanspruch beträgt damit:	*543 EUR*

Dieses Prinzip gilt auch dann, wenn der in der Immobilie verbleibende Ehegatte unterhaltspflichtig ist. Auch auf seiner Seite ist der seinen eigenen Wohnbedarf übersteigende Nebenkostenanteil wie eine Verbindlichkeit einkommensmindernd zu berücksichtigen.

Probleme ergeben sich, wenn der verbleibende Ehegatte trotz Zahlungsaufforderung durch die Gemeinde oder die Versicherung die geforderten Beträge entgegen seiner Verpflichtung nicht zahlt. Im Außenverhältnis bleibt nämlich die Zahlungsverpflichtung des Alleineigentümers bzw. Miteigentümers gegenüber der Gemeinde bestehen, unabhängig davon, ob er die Immobilie nutzt oder nicht.

Gleicht der die Immobilie nicht nutzende Ehegatte die entsprechenden Beträge aus, muss er versuchen, diesbezüglich Regress bei dem anderen Ehegatten zu nehmen. Zahlt der andere Ehegatte nicht freiwillig, dürfte zur Durchsetzung dieses Anspruchs erfahrungsgemäß ein Rechtstreit notwendig sein.

> **Achtung:**
>
> Das Problem lässt sich in den Fällen, in denen der weichende Ehegatte gleichzeitig unterhaltsverpflichtet ist, abmildern. Er kann die entsprechenden Nebenkosten weiterzahlen und diese im Rahmen eines Unterhaltsverfahrens geltend zu machen.

Dabei wird meines Erachtens oft der Fehler gemacht, dass diese Kosten lediglich einkommensmindernd berücksichtigt werden. Das führt dazu, dass der andere Ehegatte mittelbar lediglich die Hälfte der Nebenkosten trägt, weil sich sein Unterhaltsanspruch um die Hälfte bzw. um 3/7 dieses Betrages vermindert. Richtigerweise ist die Zahlung wie die Gewährung von Naturalunterhalt, also wie die Gewährung von Sachleistungen, die den Lebensbedarf decken, zu behandeln. Sie ist daher bei der Bemessung des Unterhaltsbetrages in voller Höhe von dem Unterhaltsbedarf des Berechtigten in Abzug zu bringen.

Beispiel

Der weichende Ehegatte zahlt die Nebenkosten für die Immobilie, die von dem andern genutzt wird. (Fallkonstellation entspricht der Vorstehenden.)
Erste Alternative*: Die Nebenkosten werden vor der Unterhaltsermittlung abgezogen:*

Einkommen Ehemann	*3.100 EUR*
abzgl. Nebenkosten in Höhe von	*300 EUR*
abzgl. Erwerbstätigenbonus aus	
2.800 EUR i.H.v. 400 EUR =	*2.400 EUR*

Einkommen Ehefrau	*1.400 EUR*
abzgl. 1/7 Erwerbstätigenbonus i.H.v.	*200 EUR*
zuzüglich Wohnvorteil	*500 EUR*
mithin	*1.700 EUR*

Der Unterhaltsanspruch ergibt sich aus der Hälfte der Differenz von 700 EUR, mithin in Höhe von: *350 EUR*

Die Gesamtbelastung des Unterhaltsschuldners beträgt damit: *300 EUR*
Nebenkosten zzgl. 350 EUR Unterhalt also: *650 EUR.*

Beispiel

Zweite Alternative: *Die Nebenkosten werden als Naturalunterhalt berücksichtigt.*

Einkommen Ehemann	*3.100 EUR*
abzgl. Erwerbstätigenbonus i.H.v.	*442 EUR*
verbleiben:	*2.858 EUR*
Einkommen Ehefrau	*1.400 EUR*
abzgl. Erwerbstätigenbonus i.H.v.	*200 EUR*
zuzüglich Wohnvorteil	*500 EUR*
zusammen:	*1.700 EUR*

Die Hälfte der Differenz ergibt den Unterhaltsanspruch und beträgt hier (1.158 EUR/2) *579 EUR.*

Trägt der Ehemann die Nebenkosten, kann er diese als Naturalunterhaltsleistung von dem Unterhaltsbetrag in Abzug bringen.

Damit verbleibt eine Zahlungsverpflichtung von   279 EUR.

Er muss also bei der Berechnung nach der zweiten Alternative monatlich 71 EUR weniger zahlen.

Wer trägt die Instandhaltungskosten für die Immobilie nach der Trennung?

Grundsätzlich ist der Eigentümer einer Immobilie verpflichtet, die Instandhaltungskosten zu tragen. Instandhaltungskosten betreffen notwendige Reparaturen zur Erhaltung der Substanz und des Wertes der Immobilie. Dazu gehören also keine werterhöhenden Maßnahmen, wie der Ausbau einer Terrasse, das Anbringen von Markisen oder die Verschönerung eines Bades. Vielmehr zählen hierzu die notwendige Wartung und Instandhaltung betriebsnotwendiger Einrichtungen wie Heizung, vorhandener Installationen, Dachreparaturen etc.

Sind beide Ehegatten Miteigentümer, haften sie für die Instandhaltungskosten entsprechend ihrer Eigentumsanteile, in der Regel also zu 1/2.

In der Praxis stellen die Instandhaltungskosten nur selten ein Problem dar. Dies beruht darauf, dass die meisten Trennungen zeitnah, das heißt binnen ein bis zwei Jahren in eine Scheidung münden, in deren Zusammenhang die Vermögenszuordnung von Immobilien insgesamt neu geregelt wird. Derjenige, der eine Immobilie übernimmt, ist dann selbstverständlich auch für dessen Instandhaltung verantwortlich.

Nur selten sind größere Investitionen in eine Immobilie während der Trennungszeit zwingend erforderlich. Ein Erhaltungsstau von ein bis zwei Jahren kann meist ohne besonderen Wertverlust für die Immobilie und ohne Einschränkung der Nutzungsmöglichkeiten hingenommen werden. Nur dann, wenn ein unaufschiebbarer Reparaturbedarf in der Trennungszeit auftritt, beispielsweise wenn ein Heizkessel im Winter vollständig und irreparabel ausfällt, können Probleme entstehen.

Die Kosten für den notwendigen Austausch sind dann durch den oder die Eigentümer entsprechend ihrer Miteigentumsanteile zu tragen. Das ist dann problematisch, wenn ein Miteigentümer nicht über eigenes Einkommen oder Vermögen verfügt, aus dem er sich an den Kosten beteiligen könnte. Hier bietet es sich wieder an, dass der Ehegatte, der dazu finanziell in der Lage ist, die Investition einvernehmlich vorfinanziert und die Kosten zu einem späteren Zeitpunkt bei der Vermögensauseinandersetzung verrechnet werden.

Achtung:

Laufende Instandhaltungskosten für Kleinreparaturen können unterhaltsrechtlich auch wohnwertmindernd von dem geltend gemacht werden, der die Immobilie nutzt und diese Kosten trägt. Zum Beweis für die Entstehung entsprechender Kosten sollten alle Belege gesammelt werden. Nicht selten werden die Kosten in einem Unterhaltsrechtstreit auch einfach geschätzt, indem sie mit einem Prozentsatz von 10 % des Wohnwertes von diesem in Abzug gebracht werden.

Andere Instandhaltungsmaßnahmen wie die bloße Pflege der Immobilie, beispielsweise die Gartenpflege, obliegen dem Nutzer alleine. Er kann hierfür keine Vergütung von dem anderen Miteigentümer bzw. dem Alleineigentümer verlangen.

Kann ich die Gewährung von Wohnraum oder die Nebenkosten für den anderen Ehegatten steuerlich geltend machen?

Überlässt ein Ehegatte dem anderen sein Eigentum an der Immobilie aufgrund einer Unterhaltsvereinbarung zur alleinigen Nutzung, so kann der Mietwert des Eigentumsanteils als Sonderausgabe gemäß § 10 Abs. 1 Nr. 1. EStG abgesetzt werden. Gleiches gilt für die verbrauchsunabhängigen Kosten der Immobilie, wenn der Unterhaltsschuldner sie aufgrund einer Unterhaltsvereinbarung trägt.

Wer trägt die Zins-, Tilgungs- und Ansparlasten?

Zur Finanzierung einer Immobilie werden meist Kredite aufgenommen. Hierfür sind Zinsen und Tilgung zu leisten. Die Rückführung der Kredite kann vertraglich unterschiedlich vereinbart sein. Entweder werden feste monatliche Raten gezahlt, die einen Zins- und einen geringen Tilgungsanteil haben. Im Laufe der Jahre verschiebt sich durch die Rückführung des Kreditsaldos das Verhältnis zugunsten der Tilgung.

Alternativ kann die Kreditaufnahme so ausgestaltet sein, dass während einer bestimmten Zeit die Kredite tilgungsfrei sind, mit der Folge, dass hierauf lediglich Zinsen gezahlt werden. Daneben besteht die Verpflichtung, Ansparleistungen, beispielsweise auf Lebensversicherungsverträge oder Bausparverträge, zur späteren Tilgung der Kredite zu leisten. Diese entsprechen praktisch den Tilgungsraten in den üblichen Kreditverträgen.

Hier soll nur auf die Finanzierungslasten eingegangen werden, die im Zusammenhang mit einem Familienwohnheim stehen. Für vermietete Immobilien lässt sich aber sagen, dass die entsprechenden Mietzinseinnahmen, die regelmäßig die Finanzierungskosten planmäßig decken, weiter für die Rückführung der Kredite verwendet werden. Durch die Trennung der Ehegatten ergeben sich dadurch in der Regel keine Veränderungen. Gleiches gilt auch für die Frage der Instandhaltungskosten, die in der Regel von einem Hauskonto, das durch die Mieteinnahmen bedient wird, bestritten werden können.

Bei der Rückführung der Verbindlichkeiten sind folgende unterschiedliche Kombinationsmöglichkeiten zwischen Eigentumsverhältnissen und Zahlungsverpflichtungen denkbar:

▸ Alleineigentum eines Ehegatten – Ehegatte ist auch alleiniger Schuldner für die Kredite,

▸ Alleineigentum eines Ehegatten – beide Ehegatten sind Schuldner für die Kredite,

▸ Miteigentum der Ehegatten – beide Ehegatten sind Schuldner der Kredite,

▸ Alleineigentum eines Ehegatten – der andere Ehegatte ist alleiniger Schuldner der Kredite.

In der Regel, insbesondere in Ehen mit Kindern, trägt während dem Zusammenleben einer der Ehegatten aus seinem Einkommen die entsprechenden Zahlungsverpflichtungen allein, unabhängig davon, ob der Kredit allein oder mit dem anderen Ehegatten gemeinsam aufgenommen worden ist. Dies beruht darauf, dass der andere Ehegatte durch die Kinderbetreuung häufig daran gehindert ist, einer Erwerbstätigkeit nachzugehen. Sein Beitrag zum Familienleben wird durch das Gesetz aber grundsätzlich als gleichwertig gegenüber den finanziellen Leistungen des anderen Ehegatten angesehen.

Bei den sogenannten Doppelverdiener-Ehen, wenn also beide Ehegatten erwerbstätig sind und Einkünfte erzielen, erbringen häufig beide Ehegatten auch finanzielle Beiträge zum laufenden Lebensunterhalt und zum Schuldendienst.

Nach der Trennung liegt der Fall grundsätzlich anders. Ab diesem Zeitpunkt ist streng zu unterscheiden, welcher der Ehegatten verpflichtet ist, welche Beiträge zum Schuldendienst zu leisten.

Der einfachste Fall ist der erste: Der Alleineigentümer führt auch den Kredit, für den er allein haftet, zurück. Er hat keinen Regressanspruch, weil er die Zahlungen im eigenen Interesse leistet. Die Belastung ist aber im Rahmen einer Unterhaltsberechnung zu berücksichtigen. Allerdings ist hier je nach Güterstand und zwischen der Trennungszeit und der Zeit nach der Scheidung bei Zins- und Tilgung zu unterscheiden.

Auch der Fall, dass einer der beiden Ehegatten alleiniger Schuldner des Kredites ist, ohne Miteigentümer zu sein, ist im Normalfall verhältnismäßig einfach zu lösen. Er ist verpflichtet, die Verbindlichkeiten weiter allein zurückzuführen. Dies gilt sowohl im Außenverhältnis gegenüber der Bank, weil er hier alleiniger Vertragspartner ist. Es gilt aber auch im Innenverhältnis zu dem anderen Ehegatten; selbst dann, wenn der Kredit aufgenommen worden ist, um für den anderen Ehegatten eine Immobilie zu erwerben oder diese durch einen Ausbau wesentlich umzugestalten. Ein Ausgleich für diese Fallkonstellationen erfolgt im Rahmen des Zugewinnausgleichs und der Vermögensauseinandersetzung. Das beruht darauf, dass es sich hier nicht um ein Schuldverhältnis zwischen den Ehegatten, sondern um die Berücksichtigung einer Zuwendung von einem an den anderen Ehegatten handelt (Dazu mehr ab Seite 64). Nur wenn besondere abweichende Abreden bei der Kreditaufnahme getroffen worden sind, kann etwas anderes gelten.

Damit verbleiben nur noch die Fallkonstellationen, in denen jeweils die Ehegatten gemeinschaftlich Zahlungsverpflichtungen im Zusammenhang mit dem Erwerb der Immobilie eingegangen sind. Das ist der Fall, wenn beide Ehegatten den Darlehensvertrag unterschrieben haben.

Die erste Variante ist gegeben, wenn zum Zeitpunkt der Trennung einer der Ehegatten Alleineigentümer der Immobilie ist, beide aber im Außenverhältnis gegenüber der Bank für den aufgenommenen Kredit haften. Dies kann sich zum Beispiel daraus ergeben, dass der eine Ehegatte ein in seinem Alleineigentum stehendes Grundstück hatte und die Ehegatten mit dem Kredit eine Immobilie errichtet haben.

Oft wird ein Kredit auch aufgenommen, um beispielsweise eine ererbte oder von den Eltern geschenkte Immobilie familiengerecht auszubauen. Hier ist dem Alleineigentümer der Wert der Kreditaufnahme allein zugeflossen. Daraus resultiert auch seine Verpflichtung, nach der Trennung diese Verbindlichkeiten allein zurückzuführen, unabhängig davon, ob diesbezüglich während des Zusammenlebens eine andere Abrede bestanden hat. Der Nichteigentümer hat insoweit einen **Freistellungsanspruch** gegenüber dem anderen Ehegatten. Diesen kann er gerichtlich durchsetzen und im Ergebnis auch vollstrecken, falls dieser die Raten nicht freiwillig zahlt.

Oft besteht bei dem Ehegatten, der nicht Eigentümer der Immobilie ist, die Erwartung, dass die Bank nach einer Trennung oder Scheidung ihn auch aus seiner persönlichen Schuldhaft entlässt, sodass er auch dann nicht zur Tilgung der Verbindlichkeiten herangezogen werden kann, wenn der andere Ehegatte seiner Zahlungsverpflichtung nicht nachkommt oder nicht nachkommen kann, zum Beispiel wegen Krankheit oder Arbeitslosigkeit. Tatsächlich ist das nicht der Fall. Auch nach Trennung oder Scheidung haften beide Ehegatten weiter für die Schulden.

Hier wird immer wieder die Frage diskutiert, ob ein Freistellungsanspruch des Nichteigentümers gegenüber den Banken bestehen kann. Dieser wird nur unter den folgenden drei engen Voraussetzungen angenommen:

▸ Die Gewährung eines Kredites an einen Ehegatten wird von der unbeschränkten selbstschuldnerischen Haftungserklärung des anderen Ehegatten abhängig gemacht.

▸ Der Kredit wird für die Bank erkennbar nur im Interesse des einen Ehegatten gewährt.

▸ Zum Zeitpunkt der Kreditgewährung wird der sich mit verpflichtende Ehegatte auch auf Dauer wirtschaftlich nicht in der Lage sein, sich nach dem Scheitern einer Ehe von den weiter bestehenden Belastungen jeweils aus eigener Kraft zu befreien.

Diese Voraussetzungen dürften im Zusammenhang mit dem Erwerb, der Errichtung oder dem Ausbau einer Immobilie nur selten gegeben sein. Schließlich wird sie auch im Interesse des anderen Ehegatten vorgenommen, selbst wenn Alleineigentum besteht.

Diese Rechtsprechung hat vor allem im geschäftlichen Bereich Bedeutung. Hier stehen der Kreditgewährung oft keine ausreichenden Sicherheiten gegenüber.

Achtung:

Die Mithaftung des anderen Ehegatten wird durch die Banken übrigens auch verlangt, um zu verhindern, dass der kreditnehmende Ehegatte Vermögen auf den anderen Ehegatten verlagert und damit dem Zugriff der Banken entzieht, falls er zahlungsunfähig werden sollte. Die Banken haben also ein durchaus nachvollziehbares Interesse, den anderen Ehegatten in den Kreditvertrag mit einzubeziehen.

In der Praxis ist dies jedoch in der Regel nur ein geringes Problem, weil entsprechende Kredite nur unter gleichzeitiger Absicherung durch Eintragung einer Grundschuld zulasten der entsprechenden Immobilie im Grundbuch vergeben werden. Da hierbei durch die Banken im besonderen Maße darauf geachtet wird, dass das Haftungsobjekt mindestens 30 % mehr Wert ist als der gewährte Kredit, wird die Bank es vorziehen, ihren Anspruch durch die Zwangsversteigerung der Immobilie zu befriedigen, statt gegen den weichenden Ehegatten vorzugehen, bei welchem die Durchsetzung der Ansprüche nicht sicher beurteilt werden kann.

Sind beide Ehegatten Miteigentümer der Immobilie und auch Gesamtschuldner für die bestehenden Verbindlichkeiten, sind ab dem Zeitpunkt der Trennung grundsätzlich beide Ehegatten verpflichtet, die Verbindlichkeiten entsprechend ihrer Haftungsanteile, also in der Regel hälftig zurückzuführen. Diese Verpflichtung besteht unabhängig davon, ob auch beide Ehegatten dazu finanziell in der Lage sind, übrigens nicht nur für Hauskredite, sondern selbstverständlich auch für andere Kredite, die gemeinsam aufgenommen worden sind.

Zahlt in diesem Fall einer der Ehegatten Zins- und Tilgung allein, hat er wegen seiner Überzahlung einen Regressanspruch. Nur wenn ausnahmsweise der Gesamtschuldnerausgleichsanspruch für den anderen Ehegatten in den wirtschaftlichen Ruin führen würde, kann eine Korrektur für den Haftungsmaßstab zumindest für einen Übergangszeitraum in Betracht kommen, bis er sich auf die neue Situation einstellen konnte.

Eine andere Frage ist, ob man entsprechende Ausgleichsansprüche auch durchsetzen kann. Das dürfte wiederum
nur im Rahmen einer Verrechnung mit etwaigen Zugewinnausgleichsansprüchen oder anderen vermögensrechtlichen Ansprüchen möglich sein.

Besteht ein Ehegattenunterhaltsanspruch, werden die Zahlungen an die Banken in diesen Fällen einkommensmindernd auf der Seite dessen, der zahlt, berücksichtigt. Auf
diesem Weg ergibt sich eine Beteiligung an der Tilgung der
Kredite durch den anderen Ehegatten. Schließlich mindert
sich sein Unterhaltsanspruch verhältnismäßig. Ein Regressanspruch ist dann nicht gegeben.

Auf den Punkt gebracht

Grundsätzlich hat derjenige, der die Immobilie nutzt, die
Nebenkosten hierfür zu tragen. Zins-, Tilgungs- und Ansparleistungen finden in der Regel im Rahmen einer etwaigen Unterhaltsberechnung Berücksichtigung. Besteht kein Unterhaltsanspruch, kann für entsprechende
Zahlungen ein Ausgleich gefordert werden. Nur in Ausnahmefällen besteht eine Verpflichtung der Bank, einen
der Ehegatten aus einem Kreditvertrag nach Trennung
oder Scheidung zu entlassen.

Wie teilen wir den Hausrat auf?

Im Rahmen der Regelung zur Nutzung von Wohnräumen stellt sich natürlich auch immer die Frage, wer den Hausrat während der Trennung vorläufig und nach der Scheidung endgültig behalten darf. Rechtlich maßgebend sind hier die Vorschriften der Hausratsverordnung.

Was fällt unter den Begriff „Hausrat"?

Zum Hausrat gehören alle zur Verwirklichung des gemeinsamen Zusammenlebens notwendigen Gegenstände. Beispielhaft seien genannt: Möbel, Teppiche, Haushaltsgeräte, Geschirr, Besteck, Bücher, aber auch Hobbygeräte, die von mehreren Familienmitgliedern genutzt werden.

Ausgenommen sind nur **persönliche Gegenstände** wie Kleidung und Schmuck oder ausschließlich dem Hobby eines der Familienmitglieder dienende Gegenstände.

!

Achtung:

Auf den Wert der einzelnen Gegenstände kommt es nicht an. Auch **wertvolle Haushaltsartikel** wie teures Porzellan, Silberbesteck oder Wandgemälde gehören in der Regel zum Hausrat, wenn sie in der häuslichen Gemeinschaft genutzt werden. Nur dann, wenn beispielsweise ein Kunstgegenstand von vornherein nur als Kapitalanlage erworben worden ist, gilt für diesen Gegenstand im Einzelfall etwas anderes.

Ob ein **Pkw** Hausrat darstellt, ist umstritten. Grob lässt sich sagen, dass er dann wie Hausrat behandelt wird, wenn er nicht im Wesentlichen zum Erreichen des Arbeitsplatzes, sondern primär zur Verwirklichung des Familienlebens, wie beispielsweise zum Einkaufen und Fahren der Kinder zu Freizeitaktivitäten, genutzt wird. Hat jeder Ehegatte einen eigenen Pkw, spricht dies in der Regel gegen die Einstufung der Fahrzeuge als Hausrat. **Wohnmobile** sind Hausrat, wenn sie von der ganzen Familie für Freizeitaktivitäten genutzt worden sind.

> **Achtung:**
>
> Auch wenn es für Tierfreunde hart klingt, auch Haustiere werden nach den Regeln der Hausratsverordnung zugewiesen. Für eine Entscheidung ist das Wohlbefinden des Tieres maßgebend. Bei größeren Tieren dürfte das dadurch bestimmt werden, dass es in seiner vertrauten Umgebung verbleiben kann.

Wann sollten welche Regelungen zum Hausrat getroffen werden?

Auch hier sind wieder die Zeiträume der Trennung, in denen lediglich eine vorläufige Regelung über die Nutzung getroffen wird, und der Zeitraum nach der Scheidung, für die eine endgültige Zuweisung von Hausratsgegenständen erfolgen kann, zu unterscheiden.

Wer erhält den Hausrat während der Zeit des Getrenntlebens?

Jedes Ehepaar sollte versuchen, hier eine einvernehmliche Regelung herbeizuführen. Keiner, vor allem kein Gericht, kann besser als die Ehegatten selbst beurteilen, wer welchen Hausrat benötigt oder nicht. In der Regel gelingt es den Ehegatten, sich über die Aufteilung des Hausrates nach Praktikabilitätsgesichtspunkten zu einigen. Daher haben Hausratsverfahren anders, als es in den Medien oder bei Gesprächen im Freundeskreis erscheint, in der Praxis keine große Relevanz.

Erfahrungsgemäß einigen sich die Ehepartner häufig darauf, dass der weichende Ehegatte kleinere wertvollere Gegenstände, wie Elektronik oder einzelne Möbelstücke mitnimmt, während der wesentliche Hausrat bei dem anderen Ehegatten belassen wird. Von den Elektrogeräten wird jedoch dann, wenn Kinder vorhanden sind, die Waschmaschine ausgenommen.

Streit entsteht immer wieder bei Gegenständen, die mehr oder weniger fest in eine Immobilie eingebaut sind, zum Beispiel Einbauküchen, Öfen, Einbauschränke oder Badezimmereinrichtungen. Sind diese Gegenstände so eingebaut, dass sie durch einen Ausbau beschädigt oder zerstört werden würden, sind sie sogenannter wesentlicher Bestandteil der Immobilie geworden und unterliegen nicht der Hausratsteilung. Genormte Gegenstände hingegen, die ohne Weiteres ausgebaut und an anderer Stelle wieder eingebaut werden können, sind Hausrat, der geteilt werden muss.

Was mache ich mit Hausrat, der meinem Ehegatten zusteht, den er aber nicht mitnimmt?

Ein Sonderproblem ergibt sich, wenn der weichende Ehegatte seine persönlichen Sachen und Hausratsgegenstände, die ihm zustehen, zunächst nicht mitnimmt, weil er beispielsweise vorübergehend nicht genug Platz hat. In diesen Fällen bietet das Gesetz nur einen sehr beschwerlichen Weg für den verbleibenden Ehegatten an, die Sachen los zu werden, wenn er sie nicht mehr in seiner Wohnung haben will.

Besonders wertvolle Gegenstände wie Schmuck, Edelmetalle oder Kunstgegenstände können bei der Hinterlegungsstelle des örtlichen Gerichtes hinterlegt werden. Der übrige Hausrat kann versteigert und der erzielte Erlös ebenfalls hinterlegt werden. Zuvor ist der Betroffene jedoch unter Fristsetzung aufzufordern, seine Sachen abzuholen. Einfacher dürfte es sein, die Sachen dem Betreffenden schlicht vor die Haustür zu stellen und sich zuvor zu versichern, dass er zu Hause ist. Dann sollte man klingeln und weglaufen. Banal aber wirkungsvoll!

Achtung:

Werden die Sachen einfach vernichtet, kann sich daraus eine Schadenersatzverpflichtung ergeben.

Welche Entscheidungskriterien gelten für die Hausratsteilung vor Gericht?

Wichtigster Entscheidungsfaktor ist, ob hinsichtlich bestimmter Hausratsgegenstände Alleineigentum eines Ehegatten oder Miteigentum beider besteht. Zudem ist relevant, wer den Hausrat benötigt.

Woraus kann sich nun das Alleineigentum eines Ehegatten ergeben? Die wichtigsten Kriterien sind folgende:

▸ Der Hausrat wurde bereits vor der Ehe erworben.

▸ Es handelt sich um Ersatz für einen mit in die Ehe gebrachten Hausratsgegenstand.

▸ Der Hausrat wurde nach der Trennung angeschafft.

▸ Der Hausrat wurde geerbt.

▸ Es handelt sich um ein Geschenk eines Dritten an einen der Ehegatten.

Was geschieht mit Hausrat, der mir allein gehört?

Bei Alleineigentum soll dem Eigentümer die Nutzung zugesprochen werden. Nur in besonderen Ausnahmefällen kann ein solcher Gegenstand dem anderen Ehegatten zur Nutzung zugewiesen werden. Dies kann beispielsweise bei einem Pkw der Fall sein, wenn dieser in der Vergangenheit für die Haushaltsführung, insbesondere die Betreuung von Kindern notwendig war und weiterhin ist.

Achtung:

In Ausnahmefällen kann das Gericht bei der Zuweisung eines im Alleineigentum stehenden Gegenstandes an den anderen Ehegatten eine Benutzungsgebühr festgelegt. Eine Durchsetzung dürfte aber in der Regel kaum möglich sein, weil eine solche Zuweisung in der Praxis nur bei wirtschaftlich engen Verhältnissen in Betracht kommt. Dann besteht aber schlicht keine Leistungsfähigkeit des Verpflichteten, die Benutzungsgebühr zu zahlen. Denkbar ist aber die Verrechnung dieser Ansprüche im Rahmen eines später vorzunehmenden Zugewinnausgleichs oder einer Vermögensauseinandersetzung.

Aus der Nutzungszuweisung eines im Alleineigentum stehenden Gegenstandes kann sich zudem die Verpflichtung des Nutzungsberechtigten ergeben, die aus der Nutzung entstehenden Lasten allein zu tragen – bei einem Pkw zum Beispiel die Kosten für Versicherung oder Benzin.

Oft wird übersehen, dass ein im Alleineigentum stehender Hausratsgegenstand im Rahmen des Zugewinnausgleichs Berücksichtigung finden muss. Besonders Kunst oder Hobbygegenstände (wertvolles Werkzeug, Fotoausrüstung, Boot) spielen hier eine erhebliche Rolle. Gleiches gilt übrigens auch für Hausrat, der nach der Trennung angeschafft worden ist.

!

Achtung:

Bei Hausratsgegenständen, die während der Ehe angeschafft worden sind, wird grundsätzlich vermutet,
dass diese im Miteigentum beider Ehegatten bestehen. Dies gilt auch dann, wenn nur ein Ehegatte diese
aus eigenen Mitteln erworben hat. Maßgeblich ist, ob
der Gegenstand für die Verwirklichung des Zusammenlebens angeschafft wurde. Das dürfte bei einer
längeren Ehe auf den größten Teil des Hausrats zutref-
fen.

Wie wird mit Hausrat verfahren, der beiden Ehegatten gehört?

Steht Hausrat im gemeinsamen Eigentum von Ehegatten,
erfolgt die Nutzungsregelung nach Billigkeitsgesichtspunk-
ten. Die Frage ist also, welchem der Ehegatten es unter
Berücksichtigung der konkreten Lebensverhältnisse zuzumuten ist, dem anderen Ehegatten einen Gegenstand zu
überlassen, weil dieser ihn dringender braucht. Hier sind in
der Praxis in erster Linie wieder die Kindeswohlinteressen
maßgebend, in zweiter Linie die Interessen der Ehegatten.

Wie wird der Hausrat nach der Scheidung aufgeteilt?

Die endgültige Verteilung des Hausrates soll nach dem
Gesetzeswortlaut gerecht und zweckmäßig erfolgen. Im

Prinzip bleibt es auch hier bei den bereits für die Trennungszeit maßgebenden Kriterien.

Allerdings wird durch die Entscheidung des Gerichts der einzelne Ehegatte auch Alleineigentümer der betreffenden Gegenstände. Das ist einer der wenigen Fälle, in denen der Staat in die Eigentumspositionen der Bürger unmittelbar gestaltend eingreifen kann.

Bekomme ich Ersatz, wenn mein Ehegatte mehr erhält als ich?

Wird einem der Ehegatten wertmäßig mehr Hausrat zugewiesen als dem anderen, zum Beispiel weil er die Kinder versorgen muss, kann das Gericht eine Ausgleichszahlung anordnen. Aber auch hier scheitert die Realisierung des entsprechenden Anspruchs oft an der Leistungsfähigkeit des Ausgleichspflichtigen. Ein Ausgleich kommt oft nur durch Verrechnung im Rahmen der Vermögensauseinandersetzung oder des Zugewinnausgleichs in Betracht.

Worauf muss ich bei einem gerichtlichen Verfahren besonders achten?

Ein praktisches Problem für ein Hausratsverfahren ergibt sich daraus, dass eine gerichtliche Entscheidung nur dann einen Wert hat, wenn sie später auch durchgesetzt werden kann. Das erfolgt durch einen Gerichtsvollzieher im Wege der Vollstreckung.

Ein Gerichtsvollzieher, der die Herausgabeansprüche mit Zwang durchsetzen muss, wenn die Sachen nicht freiwillig herausgegeben worden sind, muss die zu vollstreckenden Gegenstände allein aufgrund der Bezeichnung in der Entscheidung des Gerichts identifizieren können. Daher ist es notwendig, die begehrten Hausratsgegenstände so genau wie möglich zu bezeichnen, zum Beispiel in einer sogenannten **Hausratsliste**. Dazu gehört die Bezeichnung des Herstellers, des Typs/Modells, des Alters, der Größe und der Farbe des Gegenstandes.

Hat man keinen Zutritt mehr zur Wohnung, in der sich der Hausrat befindet, dürfte die genaue Beschreibung der Gegenstände schwer fallen. Man wird sich teilweise mit der Bezeichnung von Gegenständen in möglicherweise noch vorhandenen Kaufverträgen behelfen können. Daraus lassen sich oft die Typenbezeichnung von Gegenständen und deren individuellen Eigenschaften entnehmen.

Was, wenn der andere Ehegatte mein Eigentum einfach weggeschafft oder entsorgt hat?

Grundsätzlich steht dem Ehegatten, der den Verlust erlitten hat, in diesem Fall Wertersatz zu, welcher mit einer Zahlungsklage verfolgt werden muss. Allerdings muss der Ehegatte beweisen, dass er die Gegenstände in seinem Besitz hatte und sie dann beseitigt wurden. Das ist in der Praxis sehr schwierig.

In der Regel dürfte das nur durch Benennung von Zeugen möglich sein, die bestätigen können, dass die Sachen beim Auszug noch da waren. Unbeteiligte Zeugen haben jedoch selten eine konkrete gerichtlich verwertbare Erinnerung. Zudem stellt sich das Problem, den Wert der Sachen zu beweisen. Dafür benötigt man alle wertbildenden Faktoren, wie Art des Gegenstandes, ursprünglicher Kaufpreis, Alter des Gegenstandes und dessen Abnutzung. Bei Möbeln verbleibt dann selten ein Wert, der den Aufwand und das Kostenrisiko einer Zahlungsklage rechtfertigen würde.

Auf den Punkt gebracht

Für die Hausratsteilung sind im Wesentlichen die tatsächlichen Eigentumsverhältnisse maßgebend. Während der Ehe angeschaffter Hausrat steht im Regelfall im Eigentum beider Ehegatten. Dieser wird im gerichtlichen Verfahren dem zugewiesen, der ihn dringender braucht. Erhält ein Ehegatte mehr als der andere, kann eine Ausgleichszahlung angeordnet werden.

Die endgültige Auseinandersetzung des Ehevermögens

Die vorstehenden Ausführungen haben sich in erster Linie mit der Frage beschäftigt, welche Regelungen unmittelbar nach der Trennung getroffen werden müssen und können. Zeichnet sich ab, dass die Trennung endgültig ist, sind Überlegungen anzustellen, wie gemeinsame Vermögenswerte aufgeteilt oder offene gegenseitige Ansprüche erledigt werden können.

Wie wird der Zugewinn ausgeglichen?

Bei Regelungen zum Zugewinnausgleich ist zu ermitteln, wie ein eventueller Vermögenszuwachs der Ehegatten während der Ehe auszugleichen ist. Dabei stellt sich immer wieder die Frage, ob und gegebenenfalls wie sich Leistungen des einzelnen Ehegatten während der Ehe auf die Aufteilung auswirken.

Kann ich einen Ausgleich von Zins und Tilgung, die ich vor der Trennung getragen habe, verlangen?

Normalerweise tragen beide Ehegatten zum Familienunterhalt bei. Der, der die Kinder betreut und den Haushalt führt, kann dafür nach der Trennung keinen Ausgleich verlangen. Nichts anderes gilt, wenn der andere Ehegatte den Schuldendienst geleistet hat. Eine Ausnahme kann sich bei der Doppelverdiener-Ehe ergeben, wenn besondere Voraussetzungen gegeben sind.

Ein Anspruch auf Gesamtschuldnerausgleich kann Erfolg versprechend geltend gemacht werden, wenn einer der Ehegatten einen Teil seines Einkommens für die Finanzierungsleistungen aufgebracht hat, während der andere Ehegatte mit seinen Einkünften keine Beiträge zum gemeinsamen Familienunterhalt geleistet hat. Das dürfte nur selten der Fall sein. Denkbar ist zum Beispiel, dass das Einkommen des zweiten Ehegatten ausschließlich für persönlichen Luxus oder teure Hobbys verbraucht wurde oder der eigenen Vermögensbildung gedient hat.

In der Regel werden jedoch auch die Einkünfte des anderen Ehegatten für den laufenden Lebensunterhalt, oder Anschaffungen verwendet. Werden also beide Einkommen im Interesse der Familie eingesetzt, dürfte ein Gesamtschuldnerausgleich auch bei einer Doppelverdiener-Ehe für die Zeit während des Bestandes der Ehe ausgeschlossen sein. Im Übrigen kann ein Ausgleich für diese Zeit nur verlangt werden, wenn er vorab zum Beispiel bei der Kreditaufnahme ausdrücklich vereinbart worden ist.

Achtung:

Diese Frage gerichtlich klären zu lassen, hat wenig Aussicht auf Erfolg, bedeutet ein hohes Kostenrisiko und belastet alle Familienbeteiligten. Nur in ganz klaren Fällen dürfte es sinnvoll sein, entsprechende Ansprüche gerichtlich geltend zu machen.

Mir ist kein Fall bekannt, bei dem wechselseitige Ansprüche für diese Phase gerichtlich geltend gemacht worden sind, die im Nachhinein noch als sinnvoll erachtet worden wären. Auf jeden Fall sollte hier vorab ein Fachmann hinzugezogen werden, bevor ein Streit entfacht wird, der keinen Vorteil erbringen kann. Einem solchen Anspruch stehen vor allem aber auch die nachfolgenden Ausführungen für die Zeit zwischen Trennung und Scheidung entgegen.

Kann ich nach der Trennung einen Ausgleich für Zins und Tilgung verlangen?

Ein Ausgleich ist von vornherein ausgeschlossen, wenn die Zins- und Tilgungsleistungen im Rahmen der Ermittlung von Ehegattenunterhaltsansprüchen oder im Rahmen einer Wohnwertanrechnung vollständig berücksichtigt, d. h. verrechnet worden sind.

Aber auch wenn das nicht der Fall war, gilt: Nur in den wenigsten Fällen ist ein Streit über die Frage, ob ein Ausgleichsanspruch (sog. Gesamtschuldnerausgleich) wegen geleisteter Zahlungen gegeben ist, sinnvoll – wenn die Ehegatten im gesetzlichen Güterstand der Zugewinngemeinschaft leben. Das ist jedenfalls dann der Fall, wenn die Ehegatten während der Ehe Vermögen gebildet haben. Dann würde sich nämlich ein Ausgleichsanspruch regelmäßig nicht auswirken.

In erster Linie hat die vorstehende Frage also nur im Güterstand der Gütertrennung und im Güterstand der Zugewinngemeinschaft, wenn beide Ehegatten oder einer der beiden Ehegatten kein Vermögen während der Ehe hinzugewonnen hat, Relevanz.

Damit ist zunächst zu klären, in welchem Güterstand man selbst lebt. Haben Ehegatten keinen Ehevertrag geschlossen, leben sie im gesetzlichen Güterstand der **Zugewinngemeinschaft**. Besteht ein Ehevertrag, ist zu prüfen, ob darin eine Regelung zum Güterstand mit Wirkung der Gütertrennung getroffen worden ist. Der weitere ehevertraglich vereinbarte Güterstand der Gütergemeinschaft hat heute kaum noch praktische Relevanz, sodass auf diesen hier nicht gesondert eingegangen werden soll.

Um die Unterschiede zwischen den Güterständen und die daraus resultierenden Konsequenzen nachvollziehen zu können, müssen kurz die **Prinzipien der Zugewinngemeinschaft und der Gütertrennung** erläutert werden. Der größte Teil der Bevölkerung glaubt irrigerweise, dass im gesetzlichen Güterstand der Zugewinngemeinschaft, also wenn die Ehegatten keinen Ehevertrag geschlossen haben, sämtliches Vermögen gemeinschaftliches wird.

Achtung:

Tatsächlich ist die Zugewinngemeinschaft bis zu ihrer Beendigung durch Scheidung oder Tod eines Ehegatten ein **Güterstand der echten Gütertrennung**. Nach Beendigung sind jedoch Ausgleichsregelungen vorgesehen. Der Ehegatte, der während der Ehe mehr Vermögen gebildet hat, muss dem anderen Ehegatten einen Ausgleich leisten. Das erfolgt beim Tod eines Ehegatten dadurch, dass sich der gesetzliche Erbteil von ¼ um ein weiteres ¼ wegen des Güterstandes pauschal erhöht. Die Erhöhung ist unabhängig davon, ob Vermögen gebildet worden ist.

Im Fall der Scheidung ergibt sich der Zugewinnausgleichsanspruch aus der Hälfte der Differenz des gebildeten Vermögens auf beiden Seiten.

Beispiel

Am Anfang der Ehe hat der Ehemann
ein Vermögen in Höhe von   100.000 EUR
und die Ehefrau in Höhe von   70.000 EUR.
Am Ende der Ehe, d. h. am für die Ermittlung des Zuge-
winnanspruchs maßgebenden Stichtag, dem Tag der
Zustellung einer Scheidungsantragsschrift, hat
der Ehemann ein Gesamtvermögen in
Höhe von   170.000 EUR
und die Ehefrau in Höhe von   100.000 EUR.

Vermögensbildung
Ehemann   70.000 EUR
Ehefrau   30.000 EUR.
Die Differenz beträgt: 40.000 EUR.
Der Ehemann ist zum Ausgleich der
Hälfte der Differenz verpflichtet: 20.000 EUR.

Der Gesamtschuldnerausgleichanspruch wirkt sich also
nicht aus, wenn beide Ehegatten Vermögen gebildet haben. Hätte nur der Ehemann gegen die Ehefrau für die Zeit
vor der Trennung und vor Zustellung des Scheidungsantrags einen Ausgleichsanspruch von 10.000 EUR, würde
die Forderung sein Endvermögen entsprechend erhöhen,
während aufseiten der Ehefrau die Verpflichtung zur Zahlung ihr Endvermögen entsprechend vermindern würde.

> *Beispiel*
>
> | | |
> |---|---|
> | *Zugewinn Ehemann* | *80.000 EUR* |
> | *Zugewinn Ehefrau* | *20.000 EUR* |
> | *Ausgleichsanspruch entsprechend der* *Hälfte der Differenz* | *30.000 EUR* |
>
> *Von diesem Zugewinnausgleichsanspruch der Ehefrau kann er seinen Anspruch auf Gesamtschuldnerausgleich absetzen.*
>
> | | |
> |---|---|
> | *Dieser beträgt:* | *10.000 EUR* |
> | *Somit ist er wiederum nur zur Zahlung* *verpflichtet von:* | *20.000 EUR.* |

Im Güterstand der Gütertrennung erfolgt kein Ausgleich des während der Ehe gebildeten Vermögens. Deshalb spielt ein sogenannter Gesamtschuldnerausgleich hauptsächlich bei Ehegatten eine Rolle, die in dem Güterstand der Gütertrennung leben oder für Ehen, die im gesetzlichen Güterstand leben, aber nicht beiderseits Vermögen während der Ehe gebildet haben.

Kann ich den Gesamtschuldnerausgleich auch rückwirkend bis zum Zeitpunkt der Trennung geltend machen?

Anders als bei der Nutzungsausfallentschädigung muss der Anspruch auf Gesamtschuldnerausgleich nicht ausdrücklich geltend gemacht werden. Für den Eintritt der entsprechenden Zahlungsverpflichtung reicht nach überwiegender Auffassung die bloße Trennung der Ehegatten. Damit kann der Ausgleichsanspruch auch **rückwirkend** geltend gemacht werden, ohne dass vorher eine Mahnung bzw. Aufforderung erforderlich ist – das besagt zunächst einmal der Grundsatz.

Wann ist jedoch von einer Trennung in diesem Sinne auszugehen? Eine endgültige Trennung stellt der Auszug eines der Ehegatten aus der Immobilie dar. Einen Ausgleichsanspruch bereits während der Trennung innerhalb der ehelichen Wohnung anzunehmen, ist zum einen rechtlich problematisch, da beide Ehegatten ja quasi wirtschaftlich unverändert weiterleben, und zum anderen unpraktikabel. Soweit Ehegatten dazu in der Lage sind, sollten daher alle Fragen rund um Unterhalt, Vermögensauseinandersetzung und Gesamtschuldnerausgleich für diese Zeit nicht problematisiert werden. Allen Beteiligten kann nur empfohlen werden, ein gesundes Augenmaß für das Machbare zu finden.

Ehegatten handeln aber nicht immer nach Gesetz, sondern treffen auch hiervon abweichende Entscheidungen – ausdrücklich, aber auch durch schlüssiges Handeln.

Beispiel

Verbleibt der Ehegatte in der Immobilie, der bislang die Finanzierung übernommen hat, und macht der andere, der Miteigentümer ist, demgegenüber keine Nutzungsentschädigung geltend, stellt dieses Verhalten eine Vereinbarung durch schlüssiges Handeln dar. Die Ehegatten zeigen durch ihr Verhalten, dass sie darin einen ausgewogenen Ausgleich sehen. Ein späterer Ausgleichsanspruch für die auch zugunsten des anderen Ehegatten geleisteten Raten ist ausgeschlossen.

Das gilt auch dann, wenn möglicherweise die Finanzierungsleistungen einen etwaigen Nutzungsentschädigungs-
anspruch übersteigen. Hat der weichende Ehegatte Unterhaltsansprüche, erfolgt der Ausgleich ohnehin im Rahmen
der Wohnwertanrechnung und der Berücksichtigung der
Zahlungen bei der Leistungsfähigkeit des Verpflichteten.

Achtung:

Werden Zahlungen auf die Kredite bei der Unterhaltsermittlung einkommensmindernd berücksichtigt, steht
dies ebenfalls einem späteren Gesamtschuldnerausgleich entgegen.

Kann ich die während der Ehe übertragene Haushälfte zurückverlangen?

Praktisch in jeder Ehe kommt es vor, dass der eine Ehegatte
dem anderen Ehegatten größere Zuwendungen macht. Es
ist auch üblich, dass einer der Ehegatten dem anderen
während der Ehe eine in seinem Alleineigentum stehende
Immobilie ohne Gegenleistung zur Hälfte überträgt. Nahe-
liegend wäre es für jeden Laien, diesen Vorgang als
Schenkung zu qualifizieren – mit der Folge, dass eine
entsprechende Schenkung für den Fall des Scheiterns der
Ehe unter den Voraussetzungen eines Schenkungswider-
rufs zurückgefordert werden könnte.

Das Gesetz sieht beispielsweise einen Rückforderungsanspruch bei grobem Undank des Beschenkten vor. Scheitert
eine Ehe und beruht das darauf, dass der beschenkte Ehe-

gatte sich einem anderen Partner zugewendet hat, könnte darin leicht grober Undank erkannt werden. Die Rechtsprechung hat früher auch tatsächlich unter diesen Bedingungen einen Schenkungswiderruf anerkannt. Die Qualifizierung der Zuwendung als Schenkung wurde jedoch zwischenzeitlich aufgegeben. Begründet wird dies damit, dass die Zuwendung in erster Linie der Verwirklichung des geplanten familienrechtlichen Zusammenlebens diene. Dies sei einer Schenkung, die freigiebig ohne jede Gegenleistung erfolge, nicht gleichzustellen. Solche Vermögenszuwendungen bezeichnet man als **ehebedingte Zuwendung**.

Achtung:

Eine Zuwendung ist als ehebedingte Zuwendung zu qualifizieren, auch wenn in dem Übergabevertrag ausdrücklich das Wort „Schenkung" verwandt wurde. Maßgebend ist nämlich nicht die Wortwahl im Vertrag, sondern die Intention der Zuwendung. Bei Ehegatten ist bei solchen Vermögensübertragungen auch gegen den Wortlaut stets von einer ehebedingten Zuwendung auszugehen, sodass die Regeln über den Schenkungswiderruf nicht anwendbar sind.

Damit sind im Grunde genommen alle Zuwendungen unter Ehegatten, soweit sie nicht zu Festtagen oder Geburtstagen im üblichen Maß erfolgen, als sogenannte ehebedingte Zuwendungen zu qualifizieren. Ein Rückforderungsanspruch wegen groben Undanks ist deshalb ausgeschlossen.

Somit scheidet auch eine Rückforderung des Eigentumsanteils aus, wenn er bei der Übertragung nicht ausdrücklich vorbehalten worden ist.

Bei dem gesetzlichen Güterstand der Zugewinngemeinschaft erfolgt ein teilweiser Wertausgleich der Zuwendung bei der Durchführung des Zugewinnausgleichs. Durch die Zuwendung wird nämlich das Vermögen des den Miteigentumsanteil erhaltenen Ehegatten um den entsprechenden Wert erhöht, während er aufseiten des anderen Ehegatten entsprechend vermindert wird. Damit verändert sich die Differenz des hinzugewonnenen Vermögens auf beiden Seiten entsprechend, sodass sich ein etwaiger Zugewinnausgleichsanspruch um die Hälfte des Wertes der Zuwendung vermindert.

Beispiel

Der Ehemann bringt in die Ehe ein Hausgrundstück mit einem Wert von 200.000 EUR ein. Er hat weiteres Vermögen von 30.000 EUR, mithin ein Anfangsvermögen in Höhe von 230.000 EUR. Die Ehefrau hat am Anfang der Ehe kein Vermögen. Während der Ehe wird ihr der hälftige Miteigentumsanteil an der Immobilie zugewandt.

Der Ehemann erwirbt während der Ehe weiteres Vermögen in Höhe von 50.000 EUR, während die Ehefrau Vermögen in Höhe von 20.000 EUR hinzugewinnt. Es ergibt sich damit folgende Zugewinnausgleichsberechnung:

Anfangsvermögen Ehemann:	*230.00 EUR*
Endvermögen Ehemann:	*180.000 EUR*
Zugewinn:	*0 EUR*

> *Anfangsvermögen Ehefrau:*   *0,00 EUR*
>
> *Endvermögen Ehefrau:*   *120.000 EUR*
>
> *hinzugewonnenes Vermögen Ehefrau:*   *120.000 EUR*
>
> *Der Zugewinnausgleichsanspruch des Ehemanns beträgt die Hälfte der Differenz, mithin 60.000 EUR.*

Dieser Zugewinnausgleichsanspruch beruht im Wesentlichen auf seiner Zuwendung in Höhe von 100.000 EUR an seine Ehefrau. Durch seine entsprechende Vermögensminderung wird sein weiter in der Ehe hinzuerworbenes Vermögen in Höhe von 50.000 EUR bei der Zugewinnausgleichsberechung zu seinen Gunsten nicht berücksichtigt, während sich das durch die Ehefrau hinzugewonnene Vermögen in Höhe von 20.000 EUR bei der Zugewinnausgleichsermittlung zu seinen Gunsten auswirkt.

Eine Korrektur dieser tatsächlichen Konsequenzen wird durch die Rechtsprechung nur in Ausnahmefällen gebilligt: wenn das Festhalten an der ehebedingten Zuwendung zu schlicht unangemessenen und untragbaren Ergebnissen führen würde.

Das ist jedenfalls nie der Fall, wenn über den güterrechtlichen Zugewinnausgleich mindestens die Hälfte des Wertes der Zuwendung an den zuwendenden Ehegatten zurückgewährt wird, so wie im Beispiel oben.

Aber auch bei einem geringeren Ausgleichsanspruch ist eine Korrektur nicht ohne Weiteres geboten, weil jeder Zuwender bei der Zuwendung selbst das Risiko setzt, möglicherweise auch weniger als die Hälfte zurückzuerhalten.

Die Korrektur der Zuwendung erfolgt immer nur durch eine **Ausgleichszahlung** und nicht durch Rückgewähr des Eigentums.

> **Achtung:**
>
> Keine Ausnahme ohne Ausnahme! Auch die Rückübertragung des Eigentumsanteils kann in Sonderfällen begründet sein. Das ist beispielsweise der Fall, wenn eine Immobile alters- und behindertengerecht für den Zuwender ausgebaut worden ist und die Ehe dann scheitert. In diesem Fall kann der Ehegatte, der die Zuwendung empfangen hat, verpflichtet sein, gegen angemessene Ausgleichszahlung das Eigentum an der Immobilie zurückzugewähren.

Können ehebedingte Zuwendungen bei der Gütertrennung zurückgefordert werden?

Bei der Gütertrennung gibt es den beim Zugewinnausgleich vorgesehenen Ausgleichsanspruch am Ende der Ehe nicht. Deshalb kann man hier zu Recht fragen, ob zumindest in diesem Güterstand eine Korrektur der Zuwendung durch ein Rückforderungsrecht oder durch eine Ausgleichszahlung vorzunehmen ist. Aber auch hier ist die Rechtsprechung ausgesprochen zurückhaltend. Ein Anspruch wird nur in besonderen Ausnahmefällen gewährt. Hier muss die gegebene Vermögenslage für den Zuwender aber nur unzumutbar sein. Damit ist die Eingriffsschwelle also geringer als bei der Zugewinngemeinschaft.

Das ist beispielsweise dann der Fall, wenn durch den Ausschluss eines Ausgleichs die Existenz des Zuwenders oder beispielsweise seine Altersversorgung gefährdet wäre, die im Vertrauen auf den Fortbestand der Ehe auch mit der Immobilie abgesichert werden sollte.

Wonach richtet sich gegebenenfalls die Höhe der Ausgleichszahlung?

Sind die vorstehenden Bedingungen erfüllt, um einen Ausgleich geltend machen zu können, richtet sich die Höhe nicht allein nach dem Wert der Zuwendung, sondern insgesamt nach den Umständen des Einzelfalles. Es ist eine Gesamtwürdigung aller ehelichen Verhältnisse vorzunehmen. Kriterien sind hier:

▸ die Dauer der Ehe,

▸ die Art und der Umfang der Sachleistung,

▸ die Höhe der ehebedingten und noch vorhandenen Vermögensvermehrung,

▸ die Einkommensverhältnisse der Ehegatten,

▸ das Alter der Ehegatten zum Zeitpunkt der Scheidung,

▸ die Beiträge der Ehegatten zum Familienunterhalt während des Zusammenlebens,

▸ Zuwendungen in umgekehrter Richtung,

▸ der Gesundheitszustand der Ehegatten sowie

▸ die Umstände, die zum Scheitern der Ehe geführt haben.

Je schutzbedürftiger einer der Ehegatten aufgrund der vorstehenden Kriterien ist, um so eher ist zu seinen Gunsten zu entscheiden.

Ab wann kann ich gegebenenfalls meinen Ausgleichsanspruch geltend machen?

Wenn ein Korrekturanspruch gegeben ist, kann dieser bei dem Güterstand der Zugewinngemeinschaft erst ab der Rechtshängigkeit der Scheidung zurückgefordert werden. Diese tritt mit der Zustellung des Scheidungsantrags an einen Ehegatten ein. Der Zeitpunkt ist maßgebend, weil erst ab da beurteilt werden kann, ob über den vermögensrechtlichen Ausgleich eine ausreichende Kompensation der Zuwendung erfolgt. Bei dem Güterstand der Gütertrennung kann der Anspruch bereits ab endgültiger Trennung, das heißt spätestens mit Auszug eines der Ehegatten aus der Immobilie verlangt werden, weil hier die Vorprüfung wie bei der Zugewinngemeinschaft entfällt.

Was gilt, wenn ich bereits vor der Ehe einen Grundstücksanteil übertragen habe?

Nicht selten kommt es vor, dass Ehegatten bereits vor Eheschließung gemeinsam ein Grundstück zu hälftigem Eigentum erwerben, wobei einer der Ehegatten einen größeren Beitrag zum Ankauf des Grundstücks leistet. Denkbar ist aber auch, dass vor Eheschließung erhebliche Beiträge zum Ausbau einer nur im Alleineigentum des zukünftigen Ehegatten stehenden Immobilie vorgenommen werden.

Auch diese Zuwendungen werden im Vertrauen auf die spätere Eheschließung vorgenommen und müssen daher dem Grunde nach wie ehebedingte Zuwendungen behandelt werden. Anders als bei den Zuwendungen während der Ehe im gesetzlichen Güterstand findet hier in der Regel kein Zugewinnausgleich statt.

Im Gegenteil: Durch die Zuwendung erhöht sich das Anfangsvermögen des empfangenden Ehegatten, sodass sich rechnerisch sein Vermögen während der Ehe sogar noch vermindert. Der Zuwender wird also praktisch bestraft. Er erhält seine Zuwendungen nicht zurück und verbessert die Situation des anderen Ehegatten für die Zugewinnausgleichsberechnung zu seinen eigenen Lasten.

In diesen Fällen sieht die Rechtsprechung bei der Zugewinngemeinschaft eine Korrektur des Zugewinnausgleichs vor: Der Zugewinn wird praktisch fiktiv so berechnet, als ob die Ehe bereits zum Zeitpunkt der Zuwendung bestanden hätte.

Der Wert der Zuwendung wird also nicht im Anfangsvermögen des Empfangenen, sondern im Anfangsvermögen des Zuwendenden berücksichtigt. Dadurch erfolgt zu Gunsten des Zuwendenden eine Korrektur wie bei den ehebedingten Zuwendungen.

Beispiel

Die Verlobten erwerben ein Grundstück zu hälftigem Miteigentum zu einem Kaufpreis von 100.000 EUR. Zur Kaufpreiszahlung gibt die Verlobte 70.000 EUR, der Verlobte 30.000 EUR hinzu. Dadurch erhält der Verlobte praktisch eine Zuwendung in Höhe von 20.000 EUR.

Für den Zugewinnausgleich wird dieser Betrag nun von dem Anfangsvermögen des Verlobten abgesetzt, sodass sich rechnerisch sein Vermögenserwerb während der Ehe um diesen Betrag erhöht. Auf diesem Weg erhält die Verlobte am Ende der Ehe ein um die Hälfte dieses Betrages erhöhten Zugewinnausgleichsanspruch, wenn sie ausgleichsberechtigt ist, bzw. muss ein um 10.000 EUR verminderten Betrag an ihren Ehegatten bei Scheidung zahlen, wenn sie zugewinnausgleichsverpflichtet wäre. Wäre sie ausgleichsberechtigt, müsste sie bei Scheidung einen um 10.000 EUR verminderten Betrag an ihren Ehemann zahlen.

Auf den Punkt gebracht

Ob und wie ein Ausgleich für Leistungen des einen Ehegatten an den anderen während der Ehe erfolgt, hängt wesentlich davon ab, in welchem Güterstand die Ehegatten gelebt haben. Im gesetzlichen Güterstand geht der Zugewinnausgleich in der Regel dem Anspruch auf Ausgleichszahlung vor.

Wie kann ich mich bereits während der Ehe absichern?

Die vorstehenden Ausführungen zeigen, dass Ausgleichsansprüche wegen Zuwendungen an den Ehegatten nur sehr schwer durchsetzbar sind. Gerade für den Fall der Vereinbarung des Güterstandes der Gütertrennung, aber auch im Rahmen des Zugewinnausgleichs, sollte deshalb bereits zum Zeitpunkt der Zuwendung einer Immobilie, größerer Geldbeträge oder erheblicher Arbeitsleistungen Vorsorge für den Fall der Trennung und Scheidung der Ehegatten getroffen werden.

Es ist unproblematisch möglich, in einem entsprechenden Vertrag einen Rückgewähranspruch in Bezug auf die Zuwendung für den Fall zu vereinbaren, dass die Ehe scheitern sollte. Verblüffenderweise wird trotz des hohen Wertes der Zuwendungen von dieser Möglichkeit nur in wenigen Fällen Gebrauch gemacht.

Wie werden die Leistungen meiner Eltern beim Zugewinnausgleich berücksichtigt?

Die Errichtung oder der Ausbau einer Immobilie ist teuer. Darum bemühen sich oft alle Familienangehörigen, diesen so kostengünstig wie möglich durchzuführen. Hat einer der Familienangehörigen besondere handwerkliche Fähigkeiten, wird auf diese gerne zurückgegriffen. Häufig beteiligen sich gerade Eltern von Ehegatten, die einen handwerklichen Beruf haben oder besondere handwerkliche Fähigkeiten besitzen, tatkräftig bei dem Ausbau einer Immobilie. So kommen schnell Arbeitsleistungen von 500 Stunden zusammen. Bewertet man diese nur mit 30 EUR pro Stunde, ergeben sich Zuwendungen im Wert von 15.000 EUR. Oft werden auch noch Baumaterialien durch die Schwiegereltern gekauft und unentgeltlich verbaut. Diese Arbeitsleistung erhöht das Vermögen beider Ehegatten gleichermaßen, wenn sie Miteigentümer der Immobilie sind.

Weil die Zielrichtung in diesen Leistungen die Förderung des ehelichen Zusammenlebens der Ehegatten ist, bestehen in der Regel keine eigenen Regressansprüche der Eltern für den Fall des Scheiterns der Ehe der Ehegatten – wenn keine abweichenden ausdrücklichen vertraglichen Regelungen getroffen werden. Vielmehr vollzieht sich der Ausgleich für die erbrachten Leistungen jedenfalls im gesetzlichen Güterstand der Zugewinngemeinschaft durch den am Ende hier durchzuführenden Zugewinnausgleich. Dabei werden die Arbeitsleistungen, wenn die Immobilie im hälftigen Miteigentum der Ehegatten gestanden hat, aufseiten des eigenen Kindes als Schenkung werterhöhend im Anfangsvermögen berücksichtigt, während dies aufseiten des Schwiegerkindes nicht der Fall ist.

Werden Leistungen der Eltern eines Ehegatten bei Gütertrennung zurückgewährt?

Wenn die Ehegatten im Güterstand der Gütertrennung leben und daher der vorstehende Ausgleich nicht erfolgen kann oder der Zugewinnausgleich nicht zu einem angemessenen Ergebnis führt, kann ein eigener Zahlungsanspruch der Eltern für geleistete Arbeit gegenüber dem Schwiegerkind gegeben sein. Das ist insbesondere dann der Fall, wenn die Ehegatten, was nicht selten vorkommt, während der Ehe kein Vermögen gebildet, sondern sogar Vermögen verloren haben.

Der Ausgleichsanspruch ist aber begrenzt auf den Vermögenswert, der zum Zeitpunkt der Scheidung im Hinblick auf die erbrachte Arbeitsleistung noch vorhanden ist.

Schwierigkeiten für die Durchsetzung des Anspruchs ergeben sich insbesondere unter dem Gesichtspunkt der Beweisbarkeit des Anspruchs.

Es dürfte nur sehr schwer möglich sein, nach oft vielen Jahren konkret darzulegen, ob und in welchem Umfang, welche konkreten Arbeitsleistungen erbracht worden sind und welchen Wert diese im Einzelnen hatte und noch hat.

Achtung:

In jedem Fall ist der Ausgleichsanspruch auf die Höhe der ersparten Arbeitskosten begrenzt, selbst wenn die aus der Arbeit resultierende Wertsteigerung der Immobilie höher sein sollte.

Zu welchem Zeitpunkt sollte ich eine Regelung über die Vermögensauseinandersetzung und den Zugewinnausgleich treffen?

Es sollte das Bestreben beider Ehegatten sein, die Vermögensverhältnisse und die Konsequenzen aus dem Zugewinnausgleich nach einer Trennung sobald wie möglich zu regeln.

Die Erfahrung zeigt, dass zeitnahe Regelungen bestehende Konflikte zwischen den Eheleuten entschärfen können. Dadurch wird die wirtschaftliche und persönliche Planungssicherheit erheblich erhöht, wodurch Konfliktpotenzial entfällt, welches durch mögliche Zukunftsängste ausgelöst werden kann.

Wie kann ich die Vermögensauseinandersetzung und den Zugewinnausgleich regeln?

Im Prinzip bestehen drei Möglichkeiten:

▸ Die Immobilie wird verkauft und der Erlös entsprechend der Eigentumsanteile aufgeteilt. Sodann wird der Zugewinnausgleich durchgeführt.

▸ Einer der Ehegatten übernimmt die Immobilie und leistet unter gleichzeitiger Übernahme eventuell noch bestehender Schulden eine Ausgleichszahlung. Sodann ist der Zugewinnsausgleich durchzuführen, eventuell auch durch Verrechnung wechselseitiger Zahlungsansprüche.

▸ Können sich die Ehegatten nicht einigen, ob die Immobilie einvernehmlich verkauft oder von einem der Ehegatten übernommen wird, kann die sogenannte Teilungsversteigerung, das heißt der Verkauf durch eine öffentliche Versteigerung des Hauses, über das örtliche Amtsgericht betrieben werden. In der Regel ist das aber erst nach der Scheidung zulässig.

Auf den Punkt gebracht

Erbringen Ehegatten Leistungen füreinander, die sie für den Fall des Scheiterns der Ehe zurückfordern würden (zum Beispiel die Übertragung eines Hausanteils), sollten sie hinsichtlich der Modalitäten der Rückgewähr vertragliche Vereinbarungen treffen.

Erbringen Eltern Leistungen an ihre Kinder zur Errichtung oder dem Ausbau einer Immobilie, können diese in der Regel nicht zurückgefordert werden, wenn die Ehegatten in Zugewinngemeinschaft leben. Beim Güterstand der Gütertrennung können, Leistungen hingegen im Einzelfall zurückgefordert werden.

Eine Regelung über die Durchführung des Zugewinnausgleichs und der Vermögensauseinandersetzung sollte so früh wie möglich getroffen werden, um Planungssicherheit für beide Ehegatten zu schaffen.

Der (einvernehmliche) Verkauf der Immobilie

Die Immobilie wird an einen Dritten veräußert. Das ist erfahrungsgemäß in den Fällen, in denen Ehegatten in beengten wirtschaftlichen Verhältnissen leben, die einzige sinnvolle Vorgehensweise. Diese Verhältnisse sind oft dann gegeben, wenn die Ehegatten auch Kinder haben. Bleibt derjenige in der Immobilie, der die Kinder nicht weiter betreut, verfügt er über Wohnfläche, die seinen eigenen Bedarf üblicherweise weit übersteigt. Ihm wird im Rahmen des Unterhalts nach der Scheidung dennoch der objektive Mietwert zugerechnet mit der Folge der entsprechend erhöhten Unterhaltsverpflichtung.

Sind zu diesem Zeitpunkt auch die an die Banken zu zahlenden Raten sehr hoch, ergibt sich schnell die Erkenntnis, dass die Immobilie nicht weiter gehalten werden kann.

Jedenfalls ist dies nicht möglich ohne große persönliche und wirtschaftliche Einschränkungen. Dann kann oft nur durch wirtschaftliche Hilfe von Dritten, beispielsweise Eltern, die einzig wirtschaftliche vertretbare Handlungsweise, nämlich der Verkauf der Immobilie, abgewendet werden.

Was, wenn keiner wirtschaftlich in der Lage ist, die Immobilie zu übernehmen?

Es ist verständlich, dass es für die Betroffenen in dieser Situation schwer ist, sich vielleicht von der Erfüllung eines Lebenstraums, nämlich dem Kauf bzw. der Errichtung einer eigenen Immobilie, zu verabschieden. Diese Entscheidung sollte dennoch getroffen werden, um jahrelangen wirtschaftlichen Druck zu vermeiden.

Für die Entscheidung gegen den Verkauf der Immobilie werden oft die Interessen von Kindern eingewandt. Sie sollen in einer geborgenen und den Wertvorstellungen der Eltern entsprechenden Umgebung aufwachsen. Dabei wird jedoch verkannt, dass Kinder weniger als Erwachsene ihr Wohlbefinden von wirtschaftlichen Umständen als vielmehr von persönlicher Wärme und Ausgeglichenheit ableiten.

Achtung:

Die Kinder spüren auch die wirtschaftliche Drucksituation. In der Regel dürften sie darunter mehr leiden, als unter weniger luxuriösen Wohnverhältnissen.

Auf welchem Weg biete ich meine Immobilie am besten an?

Die Vermarktung kann man selbst durch privates Angebot über Zeitungsannoncen oder Immobilienbörsen im Internet durchführen. Diese Vorgehensweise hat aber in Zeiten, in denen ein Überangebot an Immobilien besteht, durchaus auch seine Schattenseiten. Häufig werden Kaufangebote von Interessenten unterbreitet, die weit unter den Preisvorstellungen des Anbieters liegen. Mit diesen Kaufangeboten und Interessenten muss man sich jeweils auseinandersetzen. Und das ist nicht jedermanns Sache.

Vor allen Dingen ist es dann problematisch, wenn man – wie die meisten Menschen – im Immobilienbereich nicht so gewandt ist, wie es ein Geschäft von dieser wirtschaftlichen Tragweite erfordern würde. Es kann dem notwendigen Engagement für den Verkauf einer Immobilie aber auch schlicht die persönliche oder berufliche Situation entgegenstehen.

Weiterhin sehen Eigentümer ihre Immobilie oft durch eine rosarote Brille. Sie können sich nicht vorstellen, dass ein potenzieller Käufer sich für das Objekt nicht im gleichen Maße begeistern kann wie man selbst. Das führt oft zu hohen, nicht marktgerechten Kaufpreisvorstellungen aufseiten des Verkäufers, die Käufer abschrecken können.

Auch die gemeinsame Besichtigung der Immobilie kann dadurch negativ beeinflusst werden. Der Verkäufer preist dabei oft Eigenschaften des Objektes besonders an, die für jeden Käufer selbstverständlich oder manchmal sogar eher negativ sind. Aus diesem Grund kann man jedem Verkäufer im Rahmen einer Objektbesichtigung nur raten, sich selbst zurückzunehmen und lieber auf konkrete Fragen des Käufers zu warten und zu antworten.

Oft werden beim privaten Kauf unter wirtschaftlichem Druck einfach zu hohe Preise gefordert, die den Verkauf der Immobilie erschweren können. In diesen Fällen wird vielfach der Preis nicht am Wert des Objektes, sondern an dem benötigen Kapital orientiert.

In der Regel empfiehlt es sich daher, die Immobilie über einen Immobilienmakler anzubieten.

Es gibt kein Patentrezept, wie Sie einen vertrauenswürdigen Makler finden. Oftmals ist es ratsam, sich beim örtlichen Haus- und Grundbesitzerverein Rat einzuholen. Eine gewisse Sicherheit ergibt sich aber auch, wenn Sie einen Makler beauftragen, der einem Verband angehört, der von seinen Mitgliedern bestimmte Mindeststandards fordert. Der größte Verband Deutschlands ist der Immobilienverband Deutschland ivd – Bundesverband der Immoblien-Berater, Makler, Verwalter und Sachverständigen e.V. mit über 6000 Mitgliedern (www.ivd.net).

Achtung

Nicht der Makler ist der Beste, der den höchsten Erlös in Aussicht stellt, sondern der, der einen marktgerechten Preis empfiehlt. Nur so wird sich auch zeitnah ein Käufer für das Objekt finden lassen. Die Umschlagszeit für eine Immobilie beträgt derzeit im Schnitt 6 bis 9 Monate.

Auch die Banken vor Ort unterhalten regelmäßig Immobilienabteilungen mit Maklern, über die man den Verkauf der Immobilie Erfolg versprechend beauftragen kann.

Die für die Tätigkeit des Maklers entstehende Courtage ist üblicherweise durch den Käufer zu tragen. Natürlich darf man dabei nicht verkennen, dass ein Kaufinteressent auch diesen Kostenfaktor bei seiner Immobiliensuche mit einrechnet, sodass sich die Kosten des Maklers sicher doch mittelbar auf den erzielbaren Kauferlös zulasten des Verkäufers auswirken. Oftmals ist man deshalb gut beraten, wenn man mit dem Makler eine Provisionsvereinbarung trifft und diese von vornherein in den Kaufpreis mit einbezieht. Es wirkt auf den Käufer erfahrungsgemäß attraktiv, wenn er scheinbar keine Maklercourtage für ein Objekt zahlen muss.

Oft führen die Bemühungen eines Maklers um den Verkauf einer Immobilie regelmäßig zu schnelleren und besseren Ergebnissen, als der persönliche Verkauf.

Entscheidet man sich für die Beauftragung eines Maklers, sollte man diesem einen **Alleinauftrag** erteilen. Das bedeutet, dass der Makler in jedem Verkaufsfall seine Maklercourtage erhält, unabhängig davon, ob er den Kaufinteressenten selbst akquiriert oder der Verkäufer das erledigt. Letzteres kann im Verhandlungswege manchmal auch bei dem Alleinauftrag ausgeschlossen werden. Keinesfalls empfiehlt es sich jedoch, mehrere Makler mit der Veräußerung einer Immobilie zu beauftragen. In diesen Fällen ist nämlich das Interesse des einzelnen Maklers verhältnismäßig gering, einen Käufer zu suchen. Er muss schließlich damit rechnen, dass durch die Konkurrenz des anderen

Maklers die Verkaufsaussichten und damit natürlich die Aussicht auf den Erhalt einer Maklercourtage erheblich verringert wird. Zudem kann das dazu führen, dass ein Objekt zu verschiedenen Preisen angeboten wird. Ein Käufer, der sich umsieht, wird so etwas schnell bemerken und vielleicht aus Misstrauen über diese Tatsache von einem Kauf Abstand nehmen. Es kann aber auch sein, dass er versucht, diese die offenbare Uneinigkeit zu seinem Vorteil zu nutzen, um den Preis zu drücken.

Wie verfahren wir mit den noch bestehenden Verbindlichkeiten?

Wird die Immobilie veräußert, sind die gemeinschaftlichen Verbindlichkeiten zu tilgen. Soweit sich daraus ein Überschuss ergibt, ist dieser entsprechend den Miteigentumsanteilen zwischen den Ehegatten aufzuteilen.

In wirtschaftlich engen Verhältnissen und insbesondere zu Beginn einer Immobilienfinanzierung ergibt sich jedoch unter Umständen auch nach der Veräußerung noch ein Schuldsaldo. Das beruht darauf, dass der Verkauf von Immobilien, die erst vor kurzer Zeit errichtet oder ausgebaut worden sind, oft nur mit einem erheblichen Wertverlust möglich ist.

Es besteht aber auch ein Problem, wenn der Veräußerungserlös für die Immobilie die bestehenden Verbindlichkeiten nominal gerade decken würde. Ist nämlich die Finanzierung einer Immobilie langfristig erfolgt, sind also feste Kreditlaufzeiten von 10, 15 und sogar 20 Jahren vereinbart worden, können sich aus der vorzeitigen Kündi-

gung und Rückführung der Kredite ganz erhebliche Vorfälligkeitszinsen zugunsten der Banken ergeben.

> **Achtung:**
>
> Die vorzeitige Kündigung der Verträge mit fester Lauf-
> zeit ist bei einem Verkauf der Immobilie ausnahms-
> weise zulässig. Die vorzeitige Kündigung der Kredite
> zur bloßen Umschuldung eines Kredites ist demge-
> genüber bei Krediten mit fester Laufzeit nicht erlaubt.
> Die Auflösung eines Kredites ist in diesem Fall nur mit
> Zustimmung der finanzierenden Bank zulässig.

Der Bank ist der durch die vorzeitige Rückführung entstehende Zinsschaden zu ersetzen. Dieser ergibt sich aus dem
entgangenen Nettozinsgewinn und dem darüber hinaus-
gehenden Zinsminderungsverlust, gemessen an der Wie-
deranlagemöglichkeit des Kapitals. Zudem ist die Differenz
zwischen den erhöhten und den ersparten Verwaltungs-
aufwendungen zu ersetzen.

Auch die zur Gegenfinanzierung bereits angesparten Beträge bei einer Lebensversicherung können bei vorzeitiger
Kündigung nicht in voller Höhe realisiert werden, um die
bestehenden Kredite zu tilgen. Dies beruht darauf, dass
Abschluss- und Verwaltungsgebühren sich zu Beginn der
Vertragslaufzeit auf den sogenannten Rückkaufwert besonders stark wertmindernd auswirken.

Besser als die Kündigung einer Lebensversicherung kann
deren Verkauf sein. Der Erlös liegt meist einige Prozent
über dem des Rückkaufswertes, der bei Kündigung ausge-

zahlt wird. Es gibt verschiedene Unternehmen, die auf den Ankauf von Lebensversicherungen spezialisiert sind.

Ein weiteres finanzielles Problem kann sich daraus ergeben, dass eine Immobilie von einer Gemeinde zu Sonderkonditionen erworben worden ist, mit der Auflage, diese zu bebauen und sodann für einen bestimmten Zeitraum, zumeist für mindestens 10 Jahre, selbst zu nutzen. Ist die Veräußerung einer Immobilie zu einem früheren Zeitpunkt notwendig, resultieren daraus entweder Rückübertragungsansprüche und Vorkaufsrechte der Gemeinde oder eine Ausgleichszahlungsverpflichtung. Diese wird in der Regel aus der Differenz zwischen dem Marktpreis und dem dem Käufer aufgrund seiner Gemeindezugehörigkeit gewährten Preisnachlass auf den Grundstückskaufpreis ermittelt. Daraus können sich sehr nennenswerte Beträge ergeben, die mit einkalkuliert werden müssen.

Auf den Punkt gebracht

Im Ergebnis kann nach dem Verkauf der Immobilie die bittere Erkenntnis stehen, dass der Kauf und die Errichtung einer Immobilie in der heutigen Zeit nicht unbedingt zu einer Vermögensmehrung führen muss. Besonders die Wertbeständigkeit von Immobilien ist derzeit nicht so gut wie ihr Ruf. Der Erwerb einer Immobilie rechtfertigt sich daher nur noch selten unter wirtschaftlichen Gesichtspunkten.

Verbleibt nach dem Verkauf der Immobilie eine Restverbindlichkeit, kann versucht werden, eine **Umschuldung** zu erreichen, bei der jeder Ehegatte, den auf ihn entfallenden Anteil der Verbindlichkeiten zu Alleinschuld übernimmt. Das gelingt jedoch in engen wirtschaftlichen Verhältnissen selten, weil es oft an der Bonität eines der Ehegatten fehlt.

Bleibt es daher dabei, dass beide Ehegatten weiterhin für die Restverbindlichkeiten haften, gelten wieder die oben ausgeführten Grundsätze zum Gesamtschuldnerausgleich.

Übernimmt im Innenverhältnis einer der Ehegatten die Verbindlichkeiten im Ergebnis allein, sollte in diesem Zusammenhang auf jeden Fall ausdrücklich zwischen den Ehegatten vereinbart werden, dass er berechtigt ist, sowohl Zins als auch Tilgung dieser Verbindlichkeiten im Rahmen eines vernünftigen Tilgungsplanes bis zur endgültigen Rückführung bei der Unterhaltsberechnung in Ansatz zu bringen. Angemessen ist ein Tilgungsplan, wenn er in einem angemessenen Verhältnis zu den Einkünften, den Unterhaltsverpflichtungen und sonstigen Verbindlichkeiten steht.

Auf den Punkt gebracht

Muss oder soll eine Immobilie verkauft werden, sollte hierfür professionelle Hilfe in Anspruch genommen werden. Durch die Kündigung der für die Finanzierung aufgenommenen Kreditverträge können hohe Vorfälligkeitszinsen entstehen, die zu Restverbindlichkeiten führen können, welche in der Regel von beiden Ehegatten zurückgeführt werden müssen.

Was ist beim Verkauf an Dritte zu beachten?

Es ist nicht zu verkennen, dass das Wohnen in den eigenen vier Wänden unter Umständen einen wesentlich höheren persönlichen Nutzen bietet als das Wohnen zur Miete. Schließlich kann man die Wohnräume genau nach seinen eigenen Vorstellungen ausgestalten und genießen.

Die persönliche Note von Wohnraum, die oft mit hohen Investitionen, beispielsweise für die Renovierung von Hobbyräumen, einem luxuriösen Badezimmer oder einem Saunabereich, verbunden sind, führt aber nur selten zu einer entsprechenden Werterhöhung der Immobilie. Schließlich kann ein potenzieller Käufer einen völlig anderen Geschmack oder andere Ansprüche an ein Haus haben. Eine aus seiner Sicht falsche Fliesenfarbe im Bad kann dazu führen, dass ein teures aber ausgefallenes Bad eher als wertmindernder als als werterhöhender Faktor anzusehen ist.

Achtung:

Entscheiden die Ehegatten sich zu einer Veräußerung der Immobilie, insbesondere aus wirtschaftlichen Gründen, sollte in jedem Fall einer der Ehegatten bis zum endgültigen Verkauf die Wohnräume weiter nutzen. Erfahrungsgemäß verlieren Immobilien, die leer stehen, sehr schnell an Wert. Der Leerstand wird durch potenzielle Käufer oft über längere Zeiträume verfolgt, was die Verhandlungsposition der Verkäufer erheblich schwächen kann. Es entsteht so leicht der Eindruck eines Notverkaufs.

Selbstverständlich muss die unbedingte Bereitschaft des verbleibenden Ehegatten bestehen, für den Fall der Veräußerung der Immobilie kurzfristig auszuziehen. Daher ist es durchaus geboten, sich bereits zu dem Zeitpunkt, zu dem die Immobilie erstmals zum Verkauf angeboten wird, nach Ersatzwohnraum umzuschauen, um später bei der Wohnungssuche nicht in Bedrängnis zu kommen und gezwungen zu sein, Wohnraum anzumieten, der nicht den persönlichen Vorstellungen entspricht.

Auf den Punkt gebracht

Die persönliche Gestaltung des Wohnraums bedeutet nicht unbedingt eine Werterhöhung, für potenzielle Käufer kann sie unter Umständen sogar als wertmindernd angesehen werden.
Bis zum Verkauf sollte die Immobilie von einem der Ehegatten bewohnt werden, um eine Verminderung des Wertes durch Leerstand zu vermeiden. Zudem wird dadurch bis zum Verkauf zumindest eine Miete gespart. Des Weiteren kann es steuerliche Relevanz haben.

Wie ist zu verfahren, wenn einer der Ehegatten die Immobilie übernehmen will?

Vielfach besteht der Wunsch, das während der Ehe nach den individuellen Vorstellungen errichtete Familienwohnheim für einen der Ehegatten zu erhalten. Dies gilt besonders in den Fällen, in denen umfangreiche eigene Arbeitsleistungen erbracht worden sind.

Auch an dieser Stelle ist nochmals ausdrücklich darauf hinzuweisen, dass die Übernahme eines Miteigentumsanteils von dem anderen Ehegatten nur dann in Betracht kommt, wenn dies unter Berücksichtigung der Unterhaltsfrage wirtschaftlich darstellbar ist. Von besonderer wirtschaftlicher Bedeutung ist hier auch, dass im Rahmen der Übernahme des Miteigentumsanteils zum einen die noch bestehenden Restverbindlichkeiten zu übernehmen sind. Zum anderen ist in der Regel auch noch ein Kaufpreis an den anderen Ehegatten zu zahlen.

Wie lässt sich am besten ein gerechter Kaufpreis ermitteln?

Der reale Kaufpreis und damit der Marktwert einer Immobilie lässt sich nur durch den tatsächlichen Verkauf ermitteln. Nur der Betrag, den jemand für eine Immobilie zahlt, entspricht dem zu diesem Zeitpunkt realen Wert des Objektes. Alle anderen Methoden der Wertermittlung basieren auf einer Prognose des Wertes, die mehr oder weniger genau den tatsächlichen Wert wiedergibt.

Die Ehegatten können sich auf einen Kaufpreis für die Übertragung einigen. Das ist insbesondere in den Fällen leicht möglich, in denen in jüngerer Zeit vergleichbare Objekte in der Nähe der eigenen Immobilie veräußert worden sind.

Oft scheitern jedoch die Bemühungen um die Festlegung eines einvernehmlichen Kaufpreises an dem Misstrauen, dass der andere Ehegatte übervorteilt werden könnte. Um solchem Misstrauen vorzubeugen oder Zweifel, ob der

Preis zutreffend und angemessen ermittelt worden ist, zu vermeiden, sollte die Immobilie bewertet werden.

Wo lasse ich die Immobilie am besten bewerten?

Eine **Immobilienbewertung** kann durch verschiedene Institutionen erfolgen. In Betracht kommen

▸ der Gutachterausschuss der Kreise und Gemeinden,

▸ Immobiliensachverständige,

▸ Immobilienabteilungen der Banken,

▸ Immobilienmakler,

▸ das Ortsgericht.

Diese Institutionen unterscheiden sich wie folgt:

Der **Gutachterausschuss** der Kreise und Gemeinden ermittelt den Wert einer Immobilie zum einen auf der Grundlage der ihm durch die Pflichtmeldung an die Gemeinde bekannt gewordenen Kaufpreise in den vergangenen Monaten und Jahren in den entsprechenden Gebieten. Zudem wird die Immobilie besichtigt, um den sich aus den Durchschnittswerten ergebenden Betrag im Hinblick auf Besonderheiten der Immobile, wie Lage und Bausubstanz, anzupassen. Die Begutachtung wird von drei Fachleuten durchgeführt.

Die Ergebnisse dieser Gutachten können als sehr realistisch bezeichnet werden, weil sie gerade auf realen Kaufpreisen, also Marktverhältnissen, in den entsprechenden Regionen basieren. Die Kosten hierfür sind ebenfalls von dem Wert der Immobilie abhängig und variieren von Bundesland zu

Bundesland geringfügig. Bei einem Wert von 250.000 EUR ergibt sich in Hessen beispielsweise eine Gebühr in Höhe von rund 1.500 EUR.

Bei der Bewertung durch **Immobiliensachverständige** werden insbesondere die Bausubstanz und die Besonderheiten der Ausstattung der Immobilie sowie etwaige Mängel bei der Bewertung präzise einbezogen. Die Kosten basieren ebenfalls auf dem Wert der Immobilie und betragen beispielsweise bei einem Immobilienwert von 250.000 EUR ebenfalls rund 1.500 EUR.

Gerade wenn der Kaufpreis über die Hausbank finanziert werden muss, kann sich eine Bewertung durch die **Immobilienabteilung** der **Bank** anbieten. Damit wird gleichzeitig abgeklärt, ob die Immobilie als Haftungsobjekt den Kreditvergabekriterien der Bank genügt. Die Kosten hierfür sind gering, teilweise werden entsprechende Kurzbewertungen sogar kostenfrei im Rahmen der Kreditgewährung vorgenommen.

Achtung:

Oft besteht aber aufseiten des weichenden Ehegatten Misstrauen hinsichtlich des Ergebnisses dieser Bewertung, weil er den Verdacht hegt, der übernehmende Ehegatte könne in diesem Bewertungsverfahren zu seinen Gunsten besonderen Einfluss auf das Ergebnis der Bewertung nehmen. Schließlich ist er der zukünftige Kunde der Bank.

Die Kosten für eine Wertermittlung beruhen nicht auf festen Honorargrundsätzen, sondern sind im Einzelnen zu erfragen bzw. zu verhandeln und hängen sicher im Einzelfall von den vertraglichen Beziehungen zu der Bank ab.

Auch die Bewertungen durch **Immobilienmakler**, die eine entsprechende zusätzliche Ausbildung absolviert haben, bietet sich an. Sie haben aufgrund ihrer Tätigkeit besondere Marktkenntnisse und berücksichtigen weniger die reinen baulichen Faktoren bei der Bewertung. Auch hier sind die Kosten Verhandlungssache. Sie liegen aber in der Regel deutlich unter den Kosten der Wertermittlung durch den Gutachterausschuss oder Sachverständige.

Auch die **ortsgerichtliche Schätzung** basiert auf Erfahrungswerten aus dem Verkauf von Immobilien im Gemeindegebiet. Hier werden allerdings keine Immobiliensachverständigen tätig, die eine präzise Anpassung des ermittelten Preises unter Berücksichtigung der Besonderheiten der Immobilie vornehmen, sodass die Genauigkeit des Ergebnisses geringer ist als beim Gutachterausschuss. Nichtsdestotrotz lässt sich jedoch sagen, dass in den letzten Jahren auch die Ortsgerichte zu durchaus sehr realistischen Verkehrswerten bei ihrer Begutachtung kommen.

Die Kosten für die Einholung eines entsprechenden Gutachtens betragen bei einem Wert von 250.000 EUR in Hessen rund ca. 350 EUR.

Um Misstrauen hinsichtlich einer möglichen Beeinflussung des Gutachters zu vermeiden, sollte ein Bewertungsauftrag in jedem Fall durch beide Ehegatten an den Auftragnehmer erteilt werden. Damit wird seine Verantwortung gegenüber beiden Auftraggebern auch nach außen dokumentiert.

Zugleich sollten sich die Ehegatten ausdrücklich verpflichten, nie einzeln Kontakt zu dem Auftragnehmer aufzunehmen, um so Beeinflussungen zu vermeiden.

Von dem so ermittelten Wert der Immobilie kann im Hinblick auf das Insolvenzrisiko des Übernehmenden noch ein Abschlag erfolgen. Schließlich übernimmt er das Risiko, im Fall einer beispielsweise unfall- oder krankheitsbedingten Zahlungsunfähigkeit nicht mehr in der Lage zu sein, die Kredite zurückzuführen. Wenn das zur Kündigung der Kredite führt, entstehen die oben bereits dargestellten Vorfälligkeitsentschädigungsansprüche der Banken. Dieses Vorfälligkeitsrisiko, das vor der Übernahme des Miteigentumsanteils beide Ehegatten zu ½ getragen haben, übernimmt der andere Ehegatte nun alleine. Die Erfahrung zeigt jedoch, dass sich Verkäufer dieser Argumentation regelmäßig verschließen.

Der endgültige Kaufpreis wird so ermittelt, dass dem Wert des hälftigen Miteigentumsanteils der Wert der hälftigen noch fortbestehenden Verbindlichkeiten gegenübergestellt wird. Aus der Differenz ergibt sich der Kaufpreis.

Wie erreiche ich eine Entlassung aus den Verbindlichkeiten?

Natürlich will der weichende Ehegatte hinsichtlich der noch bestehenden gemeinsamen Restschulden die Sicherheit haben, in Zukunft nicht mehr durch die Bank in Anspruch genommen zu werden. Dafür ist es erforderlich, dass die Bank den verbleibenden Ehegatten als alleinigen Schuldner akzeptiert. Das wird jedoch nur bei besonders starker wirtschaftlicher Leistungsfähigkeit des verbleibenden Ehegatten der Fall sein.

Signalisiert eine Bank, dass sie bereit sei, eine Schuldhaftentlassungserklärung zugunsten des weichenden Ehegatten abzugeben, sollte diese unbedingt vor der Unterzeichnung einer Trennungs- und Scheidungsfolgenvereinbarung, die mit einer Änderung der Eigentumslage verbunden ist, eingeholt werden. Vor allem sollte man darauf achten, dass diese schriftlich vorliegt. Leider zeigt die Praxis, dass Banken sich in diesem Bereich an mündliche Zusagen nur selten, eigentlich gar nicht halten. Das mag oft auch auf Missverständnissen bei den entsprechenden Verhandlungen beruhen oder auf der Tatsache, dass einzelne Mitarbeiter dazu neigen, in persönlichen Gesprächen Zusicherungen zu erteilen, die sie aufgrund ihrer eigenen Sachkompetenz im Grunde nicht erteilen dürften. Es ist in jedem Fall ärgerlich.

Erfahrungsgemäß geben die Banken eine entsprechende schriftliche Schuldhaftentlassung ohne weitere Sicherheit nur dann, wenn ihnen die konkret zwischen den Ehegatten zu schließende Vereinbarung und die daraus resultierenden rechtlichen Konsequenz bekannt sind. Hier ist für Banken insbesondere von Bedeutung, wie die Frage der Unterhaltsverpflichtung geregelt ist, weil daraus ableitbar ist, ob und in welchem Maß der als Schuldner verbleibende Ehegatte in der Lage sein wird, zukünftig die Raten allein zu zahlen.

Eine sogenannte Schuldhaftentlassung des weichenden Ehegatten kann oft auch dadurch erreicht werden, dass der Bank ein Ersatzschuldner, zum Beispiel der neue Lebensgefährte oder die Eltern gestellt werden. Denkbar ist es auch, eine weitere Sicherheit zu stellen, beispielsweise eine weitere Grundschuldgestellung auf einer anderen Immobilie, möglicherweise wiederum bei den Eltern.

Achtung:

Das Risiko für die Eltern ist natürlich nicht zu verkennen: Wenn der verbleibende Ehegatte später in Zahlungsschwierigkeiten kommt, haften die Eltern möglicherweise mit ihrem Vermögen, das für ihre Altersvorsorge gedacht war.

Wirklich problematisch erscheint die Situation, wenn einer der Ehegatten nicht aus der Schuldhaft entlassen wird, allerdings nicht, weil sich die Bank bei Zahlungsunfähigkeit des Übernehmers aus der Immobilie selbst befriedigen kann und wird. Eine Inanspruchnahme des anderen Ehegatten kommt nur in seltenen Ausnahmefällen in Betracht.

Praktisch geht man so vor: Die entsprechende Trennungs- und Scheidungsfolgenvereinbarung wird der Bank vorgelegt. Diese erklärt eine Schuldhaftentlassung für den Fall, dass die Urkunde unverändert notariell beurkundet wird.

Was muss ich bei der Finanzierung einer Ausgleichszahlung beachten?

Da die Immobilie in vielen Fällen der einzige wesentliche Vermögenswert der Ehegatten ist, muss eine mögliche Ausgleichsforderung häufig finanziert werden. Diese zusätzliche Finanzierungslast ist nach Rechtskraft der Scheidung nur hinsichtlich der Zinsen und nur bis zur Höhe des anrechenbaren Wohnvorteils, der der ortsüblichen Miete entspricht, unterhaltsrechtlich zu berücksichtigen. Der in einer entsprechenden Rate enthaltene Tilgungsanteil stellt eine Vermögensbildung dar, die sich unterhaltsberechtigte Kinder oder Ehegatten in der Regel nicht unterhaltsmindernd entgegenhalten lassen müssen.

Nach neuer Rechtsprechung ist ein Unterhaltsverpflichteter allerdings berechtigt, im Hinblick auf die unsichere Rentenlage 4 Prozent seines Bruttoeinkommens zur Vermögensbildung für seine Altersvorsorge einzusetzen. Bislang liegen lediglich Entscheidungen vor, nach denen entsprechende Aufwendungen unterhaltsrechtlich als Abzugsposition zulasten von Unterhaltsberechtigten anerkannt worden sind, wenn daraus beispielsweise Beiträge zur Riester-Rente oder einer fondsgebundenen Altersversicherung geleistet worden sind. Meines Erachtens steht aber dem Grundgedanken dieser Rechtsprechung nicht entgegen, dass diese Aufwendungen auch für den Erwerb einer Immobilie, die als Alterswohnsitz und Vermögensanlage für das Alter dienen soll, unterhaltsrechtlich anerkennenswert sind. Die Aufwendungen für das Alter sind aber auf den Gesamtwert von 4 Prozent begrenzt.

Achtung:

Prüfen Sie vor der Übernahme einer Immobilie, ob neben der Kaufpreiszahlung an den Ehegatten auch noch Zugewinnausgleich zu leisten ist. Das Vermögensrecht ist nämlich von dem abstrakten Zugewinnausgleich streng zu trennen.

Es ist also durchaus möglich, dass neben dem Kaufpreis auch noch ein Zugewinnausgleich finanziert werden muss. Die hierfür erforderlichen Zins- und Tilgungsaufwendungen sind unterhaltsrechtlich auf keinen Fall zu berücksichtigen und abzusetzen. Anderenfalls würde der Unterhaltsberechtigte seinen Zugewinnausgleichsanspruch zumindest hälftig selbst durch die Minderung seiner Unterhaltsansprüche gegenfinanzieren.

> *Beispiel*
>
> *Im hälftigen Miteigentum der Ehegatten steht eine Immobilie im Wert von 300.000 EUR. Die Zugewinnausgleichsberechnung hat ergeben, dass ein Zugewinnausgleichsanspruch der Ehefrau von 20.000 EUR gegeben ist.*
>
> *Es bestehen außerdem noch Restverbindlichkeiten in Höhe von 100.000 EUR, auf die alleine Zinszahlungen in Höhe von 375 EUR zu leisten sind.*
>
> *Will der Ehemann nun im Rahmen der Scheidung die Immobilie übernehmen, muss er an die Ehefrau 120.000 EUR (100.000 EUR Kaufpreis + 20.000 EUR Zugewinnausgleich) durch Darlehen finanzieren. Bei einem Zinssatz von derzeit rund 4,5 % (Stand Anfang 2007) ergibt sich damit eine monatliche Zinsbelastung von rund 450 EUR.*
>
> *Die monatliche Darlehensbelastung würde sich also bereits ohne Berücksichtigung von Tilgungsleistungen in etwa verdoppeln.*

Realistischerweise kann eine Immobilie also nur übernommen werden, wenn der übernehmende Ehegatte über ein verhältnismäßig hohes Einkommen verfügt oder die Finanzierung der Ausgleichszahlung über dritte Personen, beispielsweise die Eltern, bewerkstelligt werden kann.

Hat der übernehmende Ehegatte zudem einen Zugewinnausgleichsanspruch, kann auch dieser mit der Kaufpreisforderung verrechnet werden. Die entsprechenden Vereinbarungen und Verrechnungsabreden können und müssen, soweit Regelungen zum Zugewinnausgleich während der Trennungszeit getroffen werden, alle gemeinsam in einer notariellen Urkunde festgelegt werden.

Gibt es Alternativen zur Auszahlung des Kaufpreises?

Nicht selten ist aufgrund der wirtschaftlichen Situation der Ehegatten nach einer Trennung oder Scheidung eine Finanzierung des im Raume stehenden vollen Kaufpreises nicht oder nur mit großen Schwierigkeiten möglich.

Selbstverständlich steht es jedem Ehegatten frei, mit Rücksicht hierauf, auf einen Teil seiner Kaufpreisforderung zu verzichten. Nur selten wird jedoch eine entsprechende Bereitschaft bestehen. Das ist meist auch verständlich, weil kaum einzusehen ist, warum ein Ehegatte nach der Trennung auf dessen wirtschaftliche Belange noch in diesem hohen Maße Rücksicht nehmen soll.

Auch „moralische" Motive sollten hierfür keinen Grund darstellen, beispielsweise die Tatsache, dass der die Immobilie übernehmende Ehegatte sich wegen eines neuen Lebensgefährten getrennt hat. In der Regel haben im Laufe der Jahre beide Ehegatten durch ihr Verhalten während der Ehe eine Mitverantwortung für eine Trennung, sodass solche Zugeständnisse auch auf materieller Ebene nicht geboten erscheinen. Es besteht aber dennoch die Möglichkeit, durch variable Gestaltungen eine für beide Seiten befriedigende wirtschaftliche Lösung zu finden. Hier seien die zwei Wichtigsten genannt:

Verrechnung mit Ehegattenunterhalt

Eine Alternative zur Ausgleichszahlung liegt in der Verrechnung mit etwaigen Ehegattenunterhaltsansprüchen des übernehmenden Ehegatten gegen die Kaufpreisforderung für einen bestimmten Zeitraum oder als Gegenleistung für einen vollständigen Unterhaltsverzicht.

In diesem Fall rechnet man zunächst den geschuldeten Ehegattenunterhalt aus. Mit diesem Unterhalt wird der laufende Anspruch auf Ausgleichszahlung jeden Monat aufgerechnet.

Selbstverständlich kann auch ein **Unterhaltsverzicht** als Gegenleistung erklärt werden, wenn dem Grunde nach ein Unterhaltsanspruch auf Dauer bestehen würde. Regelmäßig wird hierbei der Unterhaltsanspruch für einen Zeitraum von 10 Jahren fiktiv ermittelt. So ist natürlich nur eine grobe Prognose möglich, weil sich eine Unterhaltsverpflichtung in der Zukunft durch Veränderung der tatsächlichen Verhältnisse, wie Einkommensveränderungen oder Änderung der Erwerbsobliegenheit eines die Kinder betreuenden Ehegatten, ergeben kann. Dieser fiktive Wert wird in Folge wegen der vorzeitigen Erfüllung durch die Kaufpreisverrechnung abgezinst. Als Richtschnur bietet sich hier die Rendite für festverzinsliche Wertpapiere an.

Als Umrechnungsfaktor wird meist der sich aus Anlage 9 a zu § 13 des Bewertungsgesetzes ergebende Zins von 5,5 % angenommen. Dies hat den Vorteil, dass sich der Umrechnungsfaktor bezogen auf die Laufzeit aus dem Gesetz ablesen lässt und dadurch leicht handhabbar ist.

> *Beispiel*
>
> *Bei einer Laufzeit von 10 Jahren wird eine monatliche Unterhaltsrente von 1.000 EUR geschuldet. Es ergibt sich damit eine Abzinsung wie folgt:*
>
> *1.000 EUR x 12 = 12.000 EUR x Faktor für die entsprechende Laufzeit aus Anlage 9 a zu § 13 Bewertungsgesetz, hier 10 Jahre, mithin 7,745*
>
> *= 92.940 EUR.*

Bei der Ermittlung, welche Laufzeit für die Unterhaltsansprüche bei Verzicht zugrunde gelegt werden soll, können folgende Faktoren eine Rolle spielen:

▸ Erhöhung und Verminderung der Leistungsfähigkeit durch steigendes oder sinkendes Einkommen des Unterhaltsverpflichteten, aber auch des Unterhaltsberechtigten als Risikofaktor;

▸ Geldwertverlust durch Inflation;

▸ Verminderung der Leistungsfähigkeit durch zusätzliche Unterhaltsbelastungen, beispielsweise gegenüber Kindern aus einer weiteren Beziehung;

▸ möglicher Wegfall des Unterhaltsanspruchs durch eine neue Eheschließung seitens des Unterhaltsberechtigten.

Diese Faktoren können einen Abschlag, der im Verhandlungswege zu ermitteln ist, rechtfertigen.

> **Achtung:**
>
> Hier können viele Unwägbarkeiten für beide Seiten versteckt sein. Es ist jedoch ein Blick für das Machbare auf beiden Seiten geboten, denn beide Parteien und nicht zuletzt die Kinder können von einer solchen Regelung, die Planungssicherheit für beide Ehegatten bringt, profitieren. Der Preis dafür: Der eine oder andere Ehegatte erhält weniger, als er erhalten würde, wenn man streng nach Gesetzeswortlaut vorgehen würde.

Verrechnung mit Ehegattenunterhalt

Die zweite Alternative bezieht sich auf die **Verrechnung** mit **Kindesunterhaltsansprüchen**. Übernimmt der Elternteil die Immobilie, der auch weiterhin minderjährige Kinder betreut, ist der andere Elternteil in der Regel auch für die Kinder zum Unterhalt verpflichtet.

Bei dieser Fallkonstellation kann vereinbart werden, dass der übernehmende Ehegatte den Weichenden im Innenverhältnis von seiner Barunterhaltsverpflichtung unter Verrechnung auf die Kaufspreisforderung freistellt. Eine solche Vereinbarung dürfte dann möglich sein, wenn der ausgleichspflichtige Ehegatte im Übrigen über laufende Einkünfte verfügt, aus denen er den Unterhaltsbedarf für sich und die Kinder bestreiten kann.

Durch solche Vereinbarungen werden teure Bankzinsen und damit ganz erhebliche Kapitalbeträge bei der Immobilienübernahme erspart. Jedenfalls gilt dies, wenn der Inhaber der Kaufpreisforderung auf eine fiktive Verzinsung seines Anspruchs verzichtet. Dazu dürfte in den meisten Fällen Bereitschaft bestehen, wenn dadurch eine einvernehmliche Lösung gefunden wird. Der weichende Ehegatte hat den Vorteil, dass er seinen laufenden Lebensunterhalt aus seinem ungeschmälerten Einkommen decken kann. Dies gibt ihm ebenfalls große Planungssicherheit.

Auch hier ermittelt man zunächst fiktiv den Kindesunterhalt und rechnet diesen dann bis zu einem bestimmten Zeitpunkt, beispielsweise bis zur Beendigung der Schule, einer Ausbildung oder bis zum 18. Lebensjahr der Kinder hoch.

Soll der Miteigentumsanteil eines Ehegatten auf die Kinder übertragen werden?

Häufig ist der weichende Elternteil nicht bereit, seinen Miteigentumsanteil auf den anderen Ehegatten zu übertragen, weil er befürchtet, dass die Immobilie dann für die Kinder endgültig verloren sein könnte. Er schlägt deshalb vor, das Eigentum auf die aus der Ehe hervorgegangenen Kinder zu übertragen. Diese würden dann Miteigentümer. Verbunden wird dieses Angebot häufig mit einem Teil- oder Totalverzicht auf eine Ausgleichszahlung.

Dieser Wunsch besteht eigentlich immer nur dann, wenn die Kinder noch minderjährig sind. Der Vorschlag beruht regelmäßig auf dem Anliegen, das zum Zeitpunkt der

Trennung vorhandene Familienvermögen möglichst für die nächste Generation zu erhalten. Dieser Wunsch ist emotional verständlich. Nüchtern betrachtet ist er aber sowohl unter persönlichen, rechtlichen als auch wirtschaftlichen Gesichtspunkten nicht sinnvoll.

Aus meiner Praxis kann ich berichten, dass Ehegatten diesen Gedanken selten bzw. nie haben, solange sie noch friedlich zusammen leben. Hintergrund hierfür ist, dass sie sich ihre wirtschaftliche Bewegungsfreiheit durch eine entsprechende Entscheidung nicht einschränken wollen. Das ist auch verständlich. Denn gerade darauf basiert ja auch die Möglichkeit, wirtschaftliche Dispositionen insbesondere zugunsten der minderjährigen Kinder zu treffen.

Hiervon sind scharf die Maßnahmen der vorweggenommenen Erbfolge zu unterscheiden, die in der Regel erst vorgenommen werden, wenn Kinder volljährig sind. Diese Maßnahmen werden nur in Betracht gezogen, wenn ganz erhebliches Vermögen vorhanden ist, sodass das zu übertragende Vermögen für die Ausgestaltung des eigenen Lebens und die Altersvorsorge der Ehegatten/Eltern nicht benötigt wird.

Wird nun Immobilieneigentum auf minderjährige Kinder übertragen, ist bei jeder weiteren Verfügung über diese Miteigentumsanteile das Vormundschaftsgericht Kraft Gesetzes zu beteiligen. Dadurch wird eine eventuell aufgrund einer Erkrankung oder eines Unfalls eines Familienmitglieds notwendige Verwertung des Vermögens ganz erheblich erschwert.

Zudem ist die zukünftige Entwicklung der Kinder zu diesem Zeitpunkt noch offen. Es ist heute kaum noch zu erwarten, dass ein Kind mit hoher Wahrscheinlichkeit einen Arbeitsplatz an dem Ort suchen oder finden wird, an dem es aufgewachsen ist. Ausbildung, Studium und Arbeitsplatz können einen Ortswechsel ebenso notwendig und wünschenswert machen, wie das Kennenlernen eines entfernt wohnenden Lebenspartners. Im Ergebnis ist dann doch die Verwertung der Immobilie notwendig. Der Veräußerungserlös fließt dann teilweise den Kindern zu. Der Wunsch auf Erhalt der Immobilie für die Familie ist damit vereitelt.

Es ist aber auch nicht auszuschließen, dass die Kinder eine negative Entwicklung nehmen, die beispielsweise zu einer Drogen- oder Spielsucht führt, mit der Folge, dass der Vermögenswert auf diese Weise dem Kind verloren geht.

Die weichenden Ehegatten, das sind zumeist die Mütter, verzichten zudem damit oft auf alles, was sie in ihrem Leben bis zu diesem Zeitpunkt für ihre eigene Altersvorsorge oder zur Erfüllung ihrer eigenen Lebensplanung und Wünsche angespart haben. Sie fangen dann praktisch wieder bei Null an. Eine solche Einschränkung schuldet meines Erachtens kein Elternteil seinen Kindern, insbesondere dann nicht, wenn die Eltern noch verhältnismäßig jung sind.

In aller Regel erwarten Kinder das normalerweise auch nicht. Das spiegelt sich vor allem oft in Aussagen volljähriger Kinder wieder, die erklären, die Eltern mögen doch ihr Vermögen für sich verbrauchen, schließlich hätten sie es auch selbst erworben.

Meines Erachtens schulden Eltern ihren Kindern nicht die Übertragung hoher Vermögenswerte, sondern, auch wenn es vielleicht platt klingt, Liebe, Erziehung und Ausbildung. Es liegt dann in der Hand der Kinder, ob sie daraus ihrerseits Nutzen ziehen und Vermögen bilden können.

Der gegenteilige Wunsch erscheint oft nur der Gewissensberuhigung von Eltern zu dienen. Sie machen sich Vorwürfe, dass sie den Kindern das Familienleben nicht weiter gewährleisten können. Dazu besteht jedoch kein Anlass. Die Bedürfnisse der Eltern haben keinen grundsätzlichen Nachrang hinter den Interessen der Kinder.

Daher kann von der Übertragung eines Miteigentumsanteils an ein Kind regelmäßig nur dringend abgeraten werden.

Auf den Punkt gebracht

Will einer der Ehegatten die Immobilie allein übernehmen, sollte der Wert trotz der damit verbundenen Kosten durch unabhängige Dritte geschätzt werden, um rasch eine Verhandlungsbasis zu finden. Im Rahmen der Übernahme sollte eine Umschuldung der Restverbindlichkeiten angestrebt werden, um eine Schuldhaftentlassung des weichenden Ehegatten zu erreichen. Statt einer Ausgleichszahlung an den weichenden Ehegatten können auch andere Gegenleistungen vereinbart werden, zum Beispiel die Verrechnung mit Unterhaltsansprüchen.

Die Teilungsversteigerung – wenn man sich nicht einigen kann

Können sich die Ehegatten weder auf eine Übernahme noch auf einen einvernehmlichen Verkauf einigen, besteht die Möglichkeit, den Vermögenswert zu realisieren, indem ein Ehegatte einen Antrag auf Teilungsversteigerung stellt. In einem solchen Verfahren wird die Immobilie durch das Vollstreckungsgericht, das funktional beim Amtsgericht angesiedelt ist, öffentlich versteigert.

Mit der Teilungsversteigerung können bebaute und unbebaute Grundstücke, das Miteigentum an einer Eigentumswohnung und ein Erbbaurecht aufgelöst werden.

Muss der andere Ehegatte einer Teilungsversteigerung zustimmen?

Ein entsprechender Antrag auf Teilungsversteigerung kann von jedem Miteigentümer, unabhängig von der Größe seines Miteigentumsanteils, jederzeit gestellt werden. Grundsätzlich hängt dieser also auch nicht von der Zustimmung des anderen Ehegatten ab.

Eine Ausnahme kann sich aber aus den für den gesetzlichen Güterstand der Zugewinngemeinschaft geltenden sogenannten Verfügungsbeschränkungen ergeben. Hier darf nämlich ein Ehegatte sein Vermögen nicht ohne Zustimmung des anderen Ehegatten an einen Dritten veräußern, wenn es sein ganzes oder nahezu ganzes Vermögen darstellt. Nicht selten ist das bei Eigentum oder Miteigentum an einer Immobilie der Fall.

Wann die Immobilie das Ganze bzw. nahezu ganze Vermögen eines Ehegatten darstellt, wird durch die Rechtsprechung differenziert beurteilt. Bei kleineren Vermögen, deren Grenze bei ca. 250.000 EUR liegen dürfte, darf der Vermögenswertanteil höchsten 85 % betragen. Bei Vermögen von mehr als 250.000 EUR darf die Immobilie keinen Wertanteil von mehr als 90 % am Gesamtvermögen die beantragenden Ehegatten haben.

Achtung:
Die bestehenden Verbindlichkeiten sind bei der Gegenüberstellung von Vermögenswerten und Verfügung nicht zu berücksichtigen.

Sind diese Voraussetzungen gegeben, muss die Genehmigung des anderen Ehegatten zur Teilungsversteigerung ausdrücklich bereits vor dem Antrag eingeholt werden. Diese dürfte in den meisten Fällen wohl kaum erteilt werden. Dann ist der Antrag durch das Gericht zurückzuweisen. Dieses Zustimmungserfordernis ist allerdings nur bis zur Rechtskraft der Scheidung gegeben, weil damit der Güterstand der Zugewinngemeinschaft beendet wird.

Achtung:
Sind minderjährige Kinder ebenfalls Miteigentümer der Immobilie, bedürfen die Eltern für einen Antrag auf Teilungsversteigerung im Namen der Kinder keiner vormundschaftsgerichtlichen Genehmigung.

Leben Ehegatten im Güterstand der Gütergemeinschaft, ist ebenfalls vor dem Antrag auf Teilungsversteigerung die Zustimmung des anderen Ehegatten einzuholen. Auf diesbezügliche Einzelheiten soll wegen der geringen Praxisrelevanz dieses Güterstandes hier nicht näher eingegangen werden. Dem Grunde nach lässt sich jedoch sagen, dass in diesem Güterstand ein Antrag auf Teilungsversteigerung erst nach rechtskräftiger Scheidung oder mit Zustimmung des Ehegatten möglich ist.

Wie leitet man das Teilungsversteigerungsverfahren ein?

Das Verfahren wird durch einen Antrag, der bei dem Gericht zu stellen ist, in dessen Bezirk die Immobilie liegt, eingeleitet. Der Antrag ist persönlich bei einer besonderen Abteilung des Amtsgerichts, dem sogenannten Vollstreckungsgericht zu stellen. Eine Vertretung durch einen Anwalt ist nicht notwendig.

Für die Antragstellung sind nur relativ wenige Angaben erforderlich. Es handelt sich dabei um die Namen und Anschriften der Miteigentümer, also der Ehegatten, sowie die genaue Grundbuchbezeichnung der Immobilie. Diese lässt sich aus einem Grundbuchauszug oder aus dem ursprünglichen Kaufvertrag über die Immobilie entnehmen. Zudem sollte eine aktuelle Flurkarte eingereicht werden. Bei der Formulierung des Antrages ist das Gericht behilflich. Das Vollstreckungsgericht veranlasst dann das weiter Notwendige.

Wie ist der Verlauf des Versteigerungsverfahrens?

Durch gerichtlichen Beschluss wird das förmliche Verfahren eröffnet. Der Beschluss wird dem anderen Miteigentümer, also dem anderen Ehegatten, zugestellt. Er wird bei der Zustellung in der Regel darüber informiert, dass er in einer sogenannten Notfrist von zwei Wochen die Einwendung erheben kann, dass die Anordnung der Teilungsversteigerung angesichts der widerstreitenden Interessen der Miteigentümer nicht angemessen erscheint. Versäumt er die Einhaltung der Zweiwochenfrist, über die er allerdings in dem Beschluss gesondert aufgeklärt werden muss, ist er mit diesen Einwänden gegen den Beschluss endgültig ausgeschlossen.

Keiner der Ehegatten ist während des Teilungsversteigerungsverfahrens daran gehindert, seinen Miteigentumsanteil an Dritte zu übertragen. Damit kann er allerdings das Teilungsversteigerungsverfahren nicht stoppen oder verzögern. Der Erwerber des Miteigentumsanteils tritt schlicht an die Stelle des ursprünglichen Eigentümers und ist dadurch an dem Teilungsversteigerungsverfahren unmittelbar beteiligt.

Das Vollstreckungsgericht holt im Weiteren zunächst eine Bewertung der Immobilie, erforderlichenfalls durch Sachverständigengutachten, ein. Hierfür ist ebenso ein Vorschuss zu zahlen wie für die voraussichtlichen Verfahrenskosten. Sodann setzt das Gericht das sogenannte geringste Gebot fest. Dieses setzt sich aus den Verfahrenskosten sowie aus den im Grundbuch eingetragenen Rechten zusammen. Es handelt sich dabei um eine für den Laien ausgesprochen schwer nachvollziehbare Materie. Auf die Darstellung von Einzelheiten wird an dieser Stelle verzichtet. Das Vollstreckungsgericht überwacht jedenfalls die Rechtmäßigkeit dieser Festsetzung. Will jemand die Immobilie ersteigern, muss er diesen Betrag mindestens bieten. Sodann wird ein Versteigerungstermin festgesetzt.

Achtung:

Belastungen, insbesondere Grundschulden, die durch den Erwerber übernommen werden, sind vor der Bildung des geringsten Gebotes unbedingt zu prüfen. Es ist zu klären, ob Grundschulden noch in voller Höhe bestehen.

Grundschulden dienen in der Regel zur Absicherung von Darlehen. Sie entsprechen nominal dem Darlehensbetrag zuzüglich Zinsen. Wird nun im Laufe der Jahre das Darlehen zurückgezahlt, vermindert sich der Zahlungsanspruch der über die Grundschuld abgesicherten Bank, ohne dass dadurch auch automatisch eine Änderung der im Grundbuch vorgenommenen Eintragung der Grundschuld erfolgt. Damit übersteigt oft der nominale Betrag der im Grundbuch eingetragenen Grundschuld den Betrag der noch tatsächlich bestehenden Darlehensschuld.

Vor einem Teilungsversteigerungsantrag sollte in dieser Situation eine teilweise Löschung der Grundschulden veranlasst werden. Das müssen aber beide Ehegatten gemeinsam beantragen. Dazu besteht in dieser Phase einer Auseinandersetzung allerdings kaum Bereitschaft.

Alternativ können sich die Ehegatten als Miteigentümer für den die Grundschuld überschießenden Teil eine Eigentümergrundschuld von dem ursprünglichen Grundschuldgläubiger bescheinigen lassen.

Welche besonderen Einwendungen können gegen die Teilungsversteigerung erhoben werden?

Die wichtigsten beiden Einwendungen gegen die Teilungsversteigerung werden nachfolgend dargestellt.

Persönliche und wirtschaftliche Interessen

Die Einstellung des Verfahrens kann mit persönlichen oder wirtschaftlichen Interessen des anderen Ehegatten begründet werden. Diese sind insbesondere:

▸ die für den Ehegatten überraschende Antragstellung trotz noch laufender Übernahmeverhandlungen;

▸ die Erwartung, dass zeitnah eine erhebliche Werterhöhung der Immobilie zu erwarten ist und damit ein für alle Beteiligten höherer Versteigerungserlös (beispielsweise durch unmittelbar bevorstehende Reparaturen oder einer Umwidmung eines unbebauten Grundstücks als Bauland);

▸ die Möglichkeit, in absehbarer Zeit einen Kredit zu erlangen, der die Übernahme der Immobilie im Wege des Ankaufs durch den anderen Ehegatten ermöglicht;

▸ eine vorübergehende wirtschaftliche Notlage, die es dem anderen Ehegatten verwährt, mitzubieten.

▸ die Erwartung, dass Verhandlungen über die Bebaubarkeit eines Grundstücks alsbald beendet werden können.

Liegen die vorstehenden Gründe vor, kann eine Einstellung des Verfahrens für sechs Monate durch das Gericht angeordnet werden. Der Antrag kann nach Ablauf dieser First wiederholt werden mit der Folge, dass eine Einstellung von weiteren sechs Monaten, also bis zu der Höchstdauer von 12 Monaten erfolgen kann. Die Gründe sind glaubhaft zu machen durch Vorlage von Urkunden, mit denen die Begründung belegt werden kann oder durch die Abgabe einer sogenannten Eidesstattlichen Versicherung. Dies ist die Erklärung, dass die tatsächlichen Angaben für den Einstellungsantrag zutreffend sind.

Achtung:

Auf die Abgabe einer falschen Eidesstattlichen Versicherung stehen hohe Strafen. Daher sollte der Inhalt eines Einstellungsantrags stets sorgfältig und genau formuliert sein.

Demgegenüber ist ein entsprechender Einstellungsantrag zurückzuweisen, wenn der Antragsteller selbst dringend auf den Erlös aus der Teilungsversteigerung angewiesen ist oder beide Ehegatten erkennbar auf absehbare Zeit nicht in der Lage sein werden, die laufenden Belastungen zu tragen.

Interessen gemeinsamer Kinder

Die zweite Möglichkeit, eine Einstellung zu erwirken, ist der Schutz von Interessen gemeinsamer oder adoptierter Kinder. Auf das Alter der Kinder kommt es grundsätzlich nicht an. Bei volljährigen Kinder dürften die Anforderungen für eine Beeinträchtigung allerdings erheblich höher liegen.

Eine Gefährdung des Kindeswohls ist nach Auffassung der Gerichte nur dann gegeben, wenn durch die Teilungsversteigerung die Lebensverhältnisse des Kindes nachhaltig verschlechtert werden. Es muss eine begründete Besorgnis der Gefährdung des körperlichen, geistigen oder seelischen Wohls eines Kindes nahe liegen. Diese Voraussetzung ist nur in besonderen Ausnahmefällen gegeben. Bloße Unzuträglichkeiten, die mit jeder Trennung von Eltern verbunden sind, wie ein notwendiger Umzug, die Verschlechterung der daraus resultierenden Wohnverhältnisse oder ein Wechsel des sozialen Umfelds mit dem damit verbundenen Verlust von Freunden reicht für einen Einstellungsantrag nicht aus.

Denkbar ist eine Kindeswohlgefährdung beispielsweise, wenn es sich um eine für ein Kind behindertengerecht ausgebaute Immobilie handelt, wenn kein adäquater Ersatzwohnraum kurzfristig verfügbar ist.

Das Gericht kann bei einem entsprechend begründeten Einstellungsantrag das Teilungsversteigerungsverfahren für die Dauer von fünf Jahren einstellen. Fallen Umstände, die einen Antrag ursprünglich begründet haben, künftig weg, können beide Ehegatten die Aufhebung des Einstellungsbeschlusses beantragen, um dem Verfahren Fortgang zu geben.

Gibt es noch andere Möglichkeiten, die Durchführung der Teilungsversteigerung stoppen?

Neben der Möglichkeit, die Einstellung der Teilungsversteigerung mit Gründen zu beantragen, die sich aus der Ehe oder den Eigentumsrechten selbst ergeben, können weitere Einwände geltend gemacht werden, und zwar im Wege der sogenannten **Drittwiderspruchsklage**.

Sowohl im Güterstand der Gütertrennung als auch im gesetzlichen Güterstand der Zugewinngemeinschaft kann der Teilungsversteigerung auch die Pflicht zur gegenseitigen Rücksichtnahme der Ehegatten entgegenstehen. Diese Rücksichtnahmeverpflichtung ergibt sich aus den wechselseitigen ehelichen Rücksichtnahmepflichten, die auch während der Trennungszeit fortbestehen, in Ausnahmefällen sogar über die Scheidung hinaus.

Je länger die Ehegatten getrennt leben, umso geringer wird allerdings die Verpflichtung zur Rücksichtnahme. Auch in diesem Bereich kommen insbesondere Einwände, die auf die Interessen der Kinder abstellen oder besondere persönliche Verhältnisse des Ehegatten, wie hohes Alter oder Krankheit, die zumindest eine vorübergehende Rücksichtnahme zur Vorbereitung eines Umzuges erforderlich machen, in Betracht.

Beispiel

Bei einer querschnittsgelähmten Frau wurde ein Rücksichtnahmegebot nach einer längeren Ehedauer sogar noch nach Rechtskraft der Scheidung anerkannt.

Ein weiterer Einwand, der allerdings äußerst selten ist, kann dann erhoben werden, wenn die Ehegatten vertraglich einen **Auseinandersetzungsausschluss** vereinbart haben. Eine solche Regelung kann bereits beim Erwerb der Immobilie vereinbart werden. Häufiger dürfte sie aber in Trennungsvereinbarungen enthalten sein, wo sie häufig für einen Übergangszeitraum vereinbart wird, beispielsweise bis die Kinder einen Schulabschluss absolviert oder eine Ausbildung beendet haben.

Welche taktischen Überlegungen sind bei einer Teilungsversteigerung von Bedeutung?

An einem Teilungsversteigerungsverfahren können sich auch die Ehegatten selbst beteiligen und versuchen auf diesem Wege günstig an den Miteigentumsanteil zu gelangen. Erfahrungsgemäß werden nämlich in Teilungsversteigerungsverfahren selten mehr als 60 - 70 % des Verkehrswertes einer Immobilie überhaupt geboten.

Wird durch einen Ehegatten die Teilungsversteigerung beantragt, sollte der andere Ehegatte aus taktischen Gründen diesem Antrag beitreten, wenn er die Teilungsversteigerung dem Grunde nach nicht stoppen will oder kann. Dadurch wird er formal ebenfalls zum Antragsteller und kann erheblichen Einfluss auf den Lauf des Verfahrens, insbesondere im Zusammenhang mit der Erteilung eines Zuschlags an einen Bietenden nehmen. Der Beitritt muss aber vier Wochen vor dem Versteigerungstermin dem Gegner zugestellt worden sein.

Ein Antragsteller hat nämlich die Möglichkeit, nach dem Ende der Bieterstunde, aber vor der Erteilung eines Zuschlags, mit dem das Eigentum an den Bieter übergeht, die Einstellung des Teilungsversteigerungsverfahrens ohne nähere Begründung zu erreichen.

Das hat folgenden Vorteil: Ist nur einer der Ehegatten Antragsteller, hat er die Möglichkeit, durch eigene Gebote im Versteigerungstermin den Preis für die Immobilie ohne Risiko hochzutreiben. Bleibt er ungewollt Meistbietender, kann er durch seine eigene Einstellungsbewilligung den Zuschlag an sich versagen lassen. Es wird dann auf Antrag ein neuer Versteigerungstermin angesetzt, indem der Antragsteller vorsichtiger vorgehen kann. Insgesamt kann die Einstellung zweimal ohne Begründung bewilligt werden.

Sind beide Ehegatten demgegenüber formal Antragsteller des Teilungsversteigerungsverfahrens, läuft der Ehegatte, der nur mitbietet, um den Preis hoch zu treiben, Gefahr dass er im Ergebnis die Immobilie auch tatsächlich übernehmen muss, wenn kein Dritter höher bietet als er. Dann reicht nämlich der einseitige Einstellungsantrag nicht aus, um den Zuschlag zu verhindern. Vielmehr müsste dann auch der andere beteiligte Ehegatte die Einstellung bewilligen, um den Zuschlag zu verhindern. Die Bewilligung dürfte aber in dieser Situation kaum zu erwarten sein. In diesem Fall muss der Ehegatte, der möglicherweise zu hoch gepokert hat, die Immobilie zu dem gebotenen Preis übernehmen.

Achtung:

Andererseits sollte der Beitritt erst dann beantragt werden, wenn der ursprüngliche Antragsteller die Sachverständigenkosten und die Verfahrensgebühren vorausgezahlt hat. Damit wird die sofortige eigene Inanspruchnahme wegen dieser Kosten vermieden. Allerdings werden nicht an allen Gerichten Vorschüsse angefordert. Im Ergebnis werden aber die entsprechenden Verfahrenskosten zulasten beider Ehegatten aus dem Versteigerungserlös entnommen.

Die im Grundbuch eingetragenen Rechte, die die Gesamtimmobilie betreffen, bleiben in der Teilungsversteigerung bestehen und sind durch den Ersteigerer zu übernehmen. Die Immobilie haftet also trotz Eigentumswechsel über die Grundschuld weiter für die Grundschuld in voller Höhe, auch wenn die abgesicherte Forderung ganz oder teilweise nicht mehr besteht. Der Ersteigerer ist deshalb verpflichtet, diese ab Erteilung des Zuschlages zu erfüllen.

Wie verläuft der Teilungsversteigerungstermin?

Finden sich in dem Termin eine oder mehrere Personen ein, die mindestens ein Gebot in Höhe des geringsten Gebotes abgeben, erhält der Meistbietende den Zuschlag, wenn das geringste Gebot mindestens 5/10 des festgestellten Wertes der Immobilie beträgt. Wird dieser Wert nicht erreicht, kann ein neuer Versteigerungstermin auf Antrag anberaumt werden. Nur wenn bei mehrfacher Wiederholung eines Versteigerungstermins dieser Betrag nicht geboten wird, kann der Zuschlag auch bei einem geringeren Gebot erteilt werden. Eine Teilungsversteigerung kann also nur dann erfolgreich durchgeführt werden, wenn die sich aus dem Grundbuch ergebenden Belastungen den Wert der Immobilie aus Sicht eines Bieters nicht übersteigen.

! Achtung:

Ist von vornherein abzusehen, dass ein solches Gebot nicht zu erwarten ist, weil die Belastungen der Immobilie zu hoch sind, sollte von einem Antrag auf Teilungsversteigerung abgesehen werden. Schließlich muss man sonst die Verfahrenskosten für das Versteigerungsverfahren tragen, ohne zum Erfolg kommen zu können.

Ist man übrigens nicht in der Lage, die Kosten für das Verfahren selbst zu tragen, kann man für das Verfahren Prozesskostenhilfe beantragen. Wird sie gewährt, werden die Verfahrenskosten durch die Staatskasse entweder darlehensweise zinslos vorausfinanziert oder bei engen finanziellen Verhältnissen sogar ohne Rückforderungs-vorbehalt getragen.

Wenn das Gebot die im Grundbuch eingetragenen Belastungen übersteigt, kann es zu einer Erlösverteilung kommen. Beteiligt sich einer der Ehegatten an der Versteigerung mit dem Ziel, den Miteigentumsanteil des anderen zu erwerben, muss er sich darüber im Klaren sein, dass er hinsichtlich der Zahlungsverpflichtung nicht anders behandelt wird wie jeder andere Bieter.

Er muss also sowohl eine im Bietertermin auf Antrag zu leistende Bietersicherheit in Höhe von 10 % des Verkehrswertes der Gesamtimmobilie leisten wie auch die Zahlung des gesamten Gebotes vor der Verteilung des Versteigerungserlöses. Das gilt, obwohl er im Ergebnis ja bereits selbst zu ½ Miteigentümer der Immobilie ist. Diese Vorschrift dient sowohl zur Sicherung etwaiger Drittgläubiger, wie den Banken, die ihre Kredite über Grundschulden an der Immobilie abgesichert haben, als auch zur Absicherung der Erlöserlangung des anderen Miteigentümers.

Wie wird der Versteigerungserlös aufgeteilt?

Vor dem sogenannten Verteilungstermin ist zunächst der Betrag, der im Versteigerungstermin geboten ist, einzuzahlen. Hiervon werden vorweg die Verfahrenskosten, nämlich die Gerichts- und Sachverständigenkosten, entnommen. Sodann wird durch das Gericht ein sogenannter **Teilungsplan** aufgestellt.

Der Erlös wird so aufgeteilt, wie die Ehegatten es gegenüber dem Gericht bestimmen. Das Vollstreckungsgericht vermittelt hierbei, um eine einvernehmliche Lösung zu erreichen. Scheitert diese, wird der Versteigerungserlös hinterlegt. Das ist in jeder Beziehung die schlechteste Lösung für die Ehegatten. Der hinterlegte Betrag wird nämlich in den ersten drei Monaten gar nicht und danach nur mit einem Promille Prozentpunkt pro Monat bis zur Auszahlung verzinst. Der Auszahlungsanspruch muss dann in einem gesonderten gerichtlichen Verfahren klageweise geltend gemacht werden. Jedem Ehegatten muss geraten

werden, nur in besonderen Ausnahmefällen einer einvernehmlichen Aufteilung des Erlöses zu widersprechen.

Achtung:

Ein Rechtsstreit über die Aufteilung kostet Zeit und
Geld. Beabsichtigt man seine Einwilligung zu verwei-
gern, sollte man die Erfolgsaussicht hierfür unbedingt
zuvor durch einen Experten prüfen lassen.

Ansprüche, die nicht im unmittelbaren Zusammenhang mit
dem Eigentum stehen, können der Einwilligung auf Erlösverteilung nach dem Teilungsversteigerungsverfahren nicht
entgegen gehalten werden (zum Beispiel Ansprüche auf
Zahlung von Zugewinnausgleich).

Auf den Punkt gebracht

Mit einer gerichtlichen Teilungsversteigerung kann auf
Antrag eines Ehegatten der Verkauf einer im Miteigentum von Ehegatten stehenden Immobilie erzwungen
werden, wenn beide sich nicht auf einen einvernehmli-
cher Verkauf einigen können. Gegen die Durchführung
können sowohl wirtschaftliche als auch persönliche Umstände eingewendet werden, aufgrund derer die Teilungsversteigerung für eine Zeit von bis zum 5 Jahren
durch das Gericht ausgesetzt werden kann. Je länger die
Trennung der Ehegatten dauert, um so bedeutender
müssen die Einwände sein. Nach der Versteigerung der
Immobilie wird der verbleibende Erlös aufgeteilt.

Welche Konsequenzen ergeben sich für Unterhalt und Steuern?

Nach der Veräußerung der Immobilie fällt beim Unterhalt die Anrechnung von Wohnwert ebenso weg wie die Berücksichtigung von Belastungen, die dann getilgt worden sind. Dadurch verändern sich natürlich die Einkommensverhältnisse und die steuerlichen Rahmenbedingungen der Ehegatten. Dies hat unterhalts- und steuerrechtliche Konsequenzen zur Folge.

Welche Auswirkung hat der erzielte Erlös auf den Unterhalt?

In allen vorstehend genannten Fallkonstellationen fließt einem oder beiden Ehegatten ein mehr oder minder bedeutender Vermögensbetrag zu, der sich auch auf die Verpflichtung zur Zahlung von Unterhalt, aber auch auf die Höhe eines etwaigen Unterhaltsanspruchs auswirken kann.

Wird die Immobilie insgesamt an einen Dritten verkauft, fällt auf beiden Seiten der Ehegatten eine Wohnwertanrechnung weg. An deren Stelle tritt der aus dem Veräußerungserlös erzielbare Zins. Diese Zinseinkünfte werden bei der Unterhaltsermittlung einkommenserhöhend sowohl aufseiten eines Unterhaltsverpflichteten als auch aufseiten eines Unterhaltsberechtigten berücksichtigt.

Umstritten ist hier grundsätzlich, in welcher Weise der Erlös angelegt werden muss. Die Rechtsprechung vertritt die Auffassung, dass der Vermögensbetrag zwar möglichst zinsertragsreich angelegt werden muss, allerdings ist diese

Verpflichtung durch das Sicherheitsinteresse, den Vermögensstamm nicht durch Risikogeschäfte zu gefährden, begrenzt. Daher wird regelmäßig erwartet, dass ein Zins, der mit wertstabilen Geldanlagen erzielbar ist, auch tatsächlich realisiert wird.

Unterlässt einer der Ehegatten diese Vermögensanlage, kann ihm der erzielbare Zins dennoch fiktiv als Einkommen zugerechnet werden. Wählt er eine risikoreiche Vermögensanlage, obwohl er dazu nicht verpflichtet ist und erzielt er daraus höhere Zinseinkünfte, sind diese auch in voller Höhe bei der Unterhaltsberechnung zu berücksichtigen. Hier werden die Zinseinkünfte also nicht auf die fiktiven Zinseinkünfte aus einer sicheren Geldanlage begrenzt.

Realisiert sich allerdings das höhere Anlagerisiko und erleidet der Ehegatte einen Verlust, kann die daraus resultierende Minderung der Zinseinnahmen dem anderen Ehegatten beim Unterhaltsprozess nicht entgegen gehalten werden. Vielmehr kann in einem Unterhaltsprozess sogar die Gefahr bestehen, dass dem Unterhaltsverpflichteten weiterhin ein fiktiver Zinssatz aus einem ungeschmälerten Vermögensbetrag aus sicherer Kapitalanlage zugerechnet wird, obwohl er diese Zinsen faktisch nicht mehr erzielen kann. Dies beruht darauf, dass er die Vermögensminderung und damit die Verminderung seiner Einkünfte selbst verschuldet hat, obwohl ihm seine Unterhaltsverpflichtung bekannt war.

Investiert einer der Ehegatten seinen Erlösanteil in den Erwerb einer neuen Immobilie, gelten wieder die Grundsätze zur Wohnwertanrechnung.

Ist der Verkauf unserer Immobilie steuerrelevant?

Verbleibt keiner der beiden Ehegatten in der Immobilie, bestehen erhebliche Steuerrisiken. § 23 Einkommensteuergesetz bestimmt nämlich, dass bei Spekulationsgeschäften Spekulationssteuer anfällt, wenn die Immobilie mit Gewinn veräußert werden kann. Ein Spekulationsgeschäft liegt vor, wenn eine Immobilie erworben und binnen zehn Jahren wieder veräußert wird.

Es gibt aber Ausnahmen, wenn eine selbst genutzte Wohnimmobilie von einem auf den anderen Ehegatten übertragen wird, sodass nachfolgend diesbezüglich unterschieden wird.

Wird Eigentum oder ein Miteigentumsanteil an einer selbst genutzten Wohnimmobilie von einem auf den anderen Ehegatten im Rahmen einer Scheidungsvereinbarung übertragen, liegt kein steuerbarer Tatbestand vor,

▸ wenn die Immobilie im Zeitraum zwischen Anschaffung, Fertigstellung und Veräußerung ausschließlich zu eigenen Wohnzwecken genutzt wurde oder

▸ wenn die Immobilie wenigstens im Jahr der Veräußerung bzw. Übertragung und in den beiden vorangegangenen Jahren zu eigenen Wohnzwecken genutzt worden ist.

Bei selbst genutzten Wohnimmobilien sind dennoch folgende steuerliche Besonderheiten zu beachten:

▸ Ist ein häusliches Arbeitszimmer in der Immobilie vorhanden, dient die Immobilie nicht ausschließlich zu Wohnzwecken und ist daher von dem Steuerprivileg ausgenommen. Der anteilig auf das Arbeitszimmer entfallende Teil des Veräußerungsgewinns ist nach § 23 EStG zu versteuern.

▸ Wurde die Immobilie nur teilweise zu eigenen Wohnzwecken genutzt, entfällt die Besteuerung nach § 23 EStG auch nur anteilig.

▸ Verbleibt ein Ehegatte nach der Trennung allein in einer Immobilie, die im Miteigentum der Ehegatten steht, so wird diese nicht mehr zu Wohnzwecken im Sinne des § 23 EStG durch den Eigentümer genutzt. Damit kann die steuerliche Privilegierung des § 23 EStG entfallen.

▸ Handelt es sich um eine Immobilie, die im hälftigen Miteigentum der Ehegatten steht, kann nach dem Auszug eines der Ehegatten seine steuerliche Privilegierung nach § 23 EStG für seinen Miteigentumsanteil entfallen. Dies ist allerdings nicht der Fall, wenn in dem Familienwohnheim weiterhin ein Kind lebt, für das Anspruch auf Kindergeld besteht und dem die Wohnung unentgeltlich zur Nutzung überlassen wird.

Achtung:

Haben die Ehegatten als Miteigentümer einer Immobilie noch Anspruch auf Eigenheimzulage, ist es zu empfehlen, die Immobilie noch in dem Jahr zu übertragen, in dem die Trennung erfolgt ist. So erwirbt der Übernehmer nämlich das Recht des übertragenden Ehegatten auf Zahlung der anteiligen Eigenheimzulage für den Miteigentumsanteil. Erfolgt eine Übertragung in einem Folgejahr, verfällt der Anspruch.

Steuerschädlich ist auch der Zeitraum, in dem die Immobilie insgesamt leer steht, weil beide Ehegatten nach der Trennung aus der Immobilie ausgezogen sind. Beruht der Leerstand allerdings darauf, dass trotz sofortiger Veräußerungsabsicht kein Käufer gefunden werden kann, bleibt es bei dem Steuerprivileg. Die Immobilie darf allerdings in dem Übergangszeitraum nicht vermietet worden sein. Bei jeder Scheidungsvereinbarung ist an diese Problematik zu denken. Im Zweifel ist ein Steuerberater hinzuzuziehen.

Auf den Punkt gebracht

Durch den Verkauf einer Immobilie verändern sich die Grundlagen für die Unterhaltsberechnung wesentlich, sodass eine Unterhaltsneuberechnung in der Regel erforderlich wird. Der Verkaufserlös ist unterhaltsrechtlich möglichst ertragreich bei gleichzeitiger Sicherheit anzulegen. Beim Verkauf der Immobilie muss sorgfältig darauf geachtet werden, dass durch das Verhalten oder die Vereinbarungen der Ehegatten die sogenannte Spekulationssteuer nicht ausgelöst wird.

Stichwortverzeichnis

Der Autor

Joachim Mohr ist Fachanwalt für Familien- und Erbrecht in Gießen (www.kanzlei-mohr.de). Er ist Autor zahlreicher Veröffentlichungen und führt regelmäßig Seminare und Informationsveranstaltungen zu seinen Fachgebieten durch.

Joachim Mohr ist Mitglied im Netzwerk deutscher Erbrechtsexperten e.V., im Netzwerk deutscher Testamentsvollstrecker e.V. (Vorstand), bei EntScheidung e.V. (Vorstand) sowie im Verein für Erb- und Vermögensnachfolgeplanung e.V. (Vorstand).

Impressum:

Verlag C. H. Beck im Internet: www.beck.de
ISBN: 978-3-406-57168-8
© 2008 Verlag C. H. Beck oHG
Wilhelmstraße 9, 80801 München

Lektorat und DTP: Ass. jur. Claudia Wanzke, München
Umschlaggestaltung: Bureau Parapluie, 85253 Großberghofen
Umschlagbild: © arkna/fotolia.de
Druck und Bindung: Druckerei C. H. Beck, Nördlingen
(Adresse wie Verlag)

Gedruckt auf säurefreiem, alterungsbeständigem Papier
(hergestellt aus chlorfrei gebleichtem Zellstoff)